Evangélicos
Cláudia Pires e Mônica Vendrame

Bella
Editora

"Tudo o que não for o amor de Deus não faz sentido para mim. Posso dizer, verdadeiramente, que não tenho interesse em coisa alguma a não ser no amor de Deus que está em Cristo Jesus.
Se Deus quiser, minha vida será útil por meio da minha palavra e do meu testemunho. Se Ele quiser, minha vida dará frutos pelas minhas orações e sacrifícios.

Contudo, a utilidade da minha vida é do interesse Dele, e não meu. Seria indecoroso eu me preocupar com isso."

Dominique Voillaume

Sumário

Introdução · O que é protestantismo
e quem são os evangélicos? 7
Um povo e seu livro 13
1 O Deus dos cristãos 17
2 Jesus Cristo – uma mudança
de rota em nosso favor 27
3 Tragada foi a morte pela vida 55
4 Espírito Santo, o Deus que continua na terra . 67
5 Igreja é lugar de pecadores 73
6 Pecado é errar o alvo 85
7 O sofrimento e a morte 93
8 Oração, nosso canal de comunicação com Deus 103
9 Deus precisa de dinheiro? 111
10 Batalha espiritual – quem é quem
neste mundo tenebroso 117
11 As origens do cristianismo
protestante no Brasil 123
12 Pentecostais e neopentecostais. Quem são? . . . 133
13 Nada é válido sem amor 161
14 Ele vai voltar... 167
15 Algumas perguntas que você
sempre quis fazer aos evangélicos... 173

INTRODUÇÃO
O que é protestantismo e quem são os evangélicos?

"Por amor à verdade e no empenho de elucidá-la ..."
*(abertura do texto de debate das 95 teses
de Martinho Lutero, divulgadas
em 31 de outubro de 1517)*

DEUS DESEJA TER UM VERDADEIRO RELACIONAMENTO com o homem. Ele não o criou para ser um joguete em suas mãos, um ser sem vontade e opinião próprias. Deus ama o homem incondicionalmente e o criou a sua "imagem e semelhança" para viverem em comunhão. Jesus veio ao mundo para resgatar esse relacionamento com os homens, rompido pelo pecado. Ele veio para mostrar que existe apenas um caminho para chegar a Deus e que Ele é esse caminho. O que Ele fez por nós naquela cruz não tem preço, não pode ser comprado ou medido. É a graça de Deus.

Foi essa ideia de salvação pela graça, e não por obras, que chamou a atenção do teólogo Martinho Lutero há mais de 500 anos. Monge alemão, Lutero estudava a palavra do apóstolo Paulo nas cartas aos romanos e aos efésios quando se deparou com textos que frisavam que a salvação não pode ser comprada, mas que é gratuita.

A doutrina da Igreja da época, que impunha a venda de indulgências para perdão dos pecados (uma espécie de "passe livre" para o céu), ia totalmente contra as palavras do apóstolo. Aquela ministração sobre a salvação pela graça de Jesus mexeu com o monge... Sua indignação originou as 95 teses que contestavam, principalmente, que o homem podia pagar algum preço para chegar ao perdão dos pecados e, consequentemente, à salvação.

"... Serão condenados em eternidade, juntamente com

seus mestres, aqueles que se julgam seguros de sua salvação por meio de carta de indulgência." (Tese número 32)

"Qualquer cristão verdadeiramente arrependido tem direito à remissão plena de pena e culpa, mesmo sem carta de indulgência." (Tese número 37)

O objetivo de Lutero não era o de criar uma nova igreja, e sim de reformar a que já existia. Suas ideias, no entanto, não foram aceitas. Mesmo assim, o movimento reformista acabou ganhando vida e se espalhando por outras regiões da Europa. Nascia o que viria no futuro a ser chamado de protestantismo. De lá até os dias atuais, o movimento cresceu e se ramificou, muitas igrejas e denominações surgiram ao longo dos anos, e as ideias se difundiram pelo resto da Europa, chegando às Américas e demais regiões do planeta.

Muita coisa mudou desde Lutero, mas pode-se dizer que a essência do protestantismo, até hoje, é a mesma. Os cristãos protestantes acreditam que:

- Jesus é o único Senhor e Salvador. Ele é o único caminho verdadeiro que pode levar o homem a Deus; não existem outros caminhos nem intermediários;
- A salvação do homem é dada de graça por Cristo,

Ele já pagou na cruz todo o preço que deveria ser pago. Para recebê-la, basta que o homem o aceite como Senhor da sua vida e que creia na sua morte e ressurreição;

· A Bíblia é a Palavra de Deus, inspirada pelo Espírito Santo aos homens que a escreveram ao longo dos anos. Ela é a única fonte de verdade da vontade de Deus para o homem.

"... porque o salário do pecado é a morte, mas o dom gratuito de Deus é a vida eterna em Cristo Jesus, nosso Senhor." (Romanos 6.23)

Nosso objetivo com este livro não é fazer um estudo teológico aprofundado, nem um panorama detalhado da história do cristianismo protestante – certamente existem pessoas mais gabaritadas do que nós para isso. Nosso desejo é apenas desmistificar um pouco o que se pensa sobre a crença desse povo que atualmente é conhecido como evangélico. Segundo o último Censo, realizado pelo IBGE (Instituto Brasileiro de Geografia e Estatística) em 2010, essa população já chega a 42 milhões de pessoas no Brasil. O crescimento acelerado, principalmente nas últimas décadas, faz do Brasil um dos maiores países evangélicos da América Latina.

Mas, afinal, quem de fato são os evangélicos hoje no Brasil e em que mais acreditam? É sobre isso que trataremos nas próximas páginas. Vamos tratar dos temas gerais que cercam nossa vida diária, como morte, ressurreição, dinheiro e modo de vida, além de abordar os conceitos essenciais que guiam a fé e a vida do cristão protestante. Tentaremos aqui aproximar o leitor desse grupo, não apenas por meio de nossas experiências pessoais, mas com o auxílio de autores conhecidos que também percorreram um caminho de busca e fé.

"Respondeu-lhe Jesus: Eu sou o caminho, e a verdade, e a vida; ninguém vem ao Pai senão por mim." (João 14.6)

Cláudia Pires e Mônica Vendrame

Um povo e seu livro

ANTES DE INICIARMOS OS CAPÍTULOS, queremos deixar aqui nosso tributo à Bíblia. Ela é a base de toda a fé cristã. Tudo o que cremos é porque está escrito na Bíblia. Sem esse livro – ou livros –, não podemos imaginar como o cristianismo teria se desenvolvido.

Nem todo mundo sabe, mas no Oriente Médio, desde tempos remotos, os israelitas são conhecidos como o "Povo do Livro". Que livro? No caso deles, trata-se da Torá, que são os cinco primeiros livros da Bíblia (Pentateuco). É impressionante o amor, dedicação e reverência a esse livro. É sabido que toda a nação de Israel ainda hoje vive sob a égide de seu livro sagrado e colhe seus frutos há milênios.

No caso dos cristãos, também somos um povo com um livro, a Bíblia, que é a união das Escrituras Sagradas do judaísmo – o Velho Testamento – mais os escritos dos apóstolos e discípulos de Jesus – o Novo Testamento. Nem sempre, entretanto, compreendemos seu valor e seu alcance.

Martinho Lutero, um dos pais das igrejas protestantes, só iniciou uma revolução dentro da Igreja Romana porque estava traduzindo a Bíblia e percebeu que nem a inquisição, nem todos os absurdos e desmandos do clero poderiam sobrepujar a autoridade da Veritas, das verdades da Palavra de Deus. E isso lhe deu forças para lutar contras as injustiças e degenerações de sua própria igreja.

Na obra *O Livro que Fez o seu Mundo*, o autor Vishaw Mangalwadi descreveu as sucessivas queimas de traduções da Bíblia para a língua do povo na Inglaterra, na Alemanha e por quase toda a Europa. E por que queimavam tantas Bíblias? Porque a leitura permitia ao povo o acesso às verdades que abalavam os poderes totalitários da Igreja e do Estado. Ele escreve: "A Bíblia foi queimada porque os que a traduziram iniciaram uma batalha pela alma da Europa. Eles estavam transformando a civilização de mil anos da Europa de medieval em moderna. Eram revolucionários que buscaram fazer a autoridade do papa sujeita à Palavra de Deus".

John Wycliffe (1330-1384), um professor de Oxford que traduziu a Bíblia para o inglês – e por isso foi considerado herege pela Igreja Romana –, escreveu: "É impossível que qualquer palavra ou ato do homem seja de autoridade igual à das Santas Escrituras. Os crentes devem averiguar por eles mesmos os assuntos verdadeiros de sua fé ao ter as escrituras em uma língua que compreendam".

Graças à Bíblia, cada cristão, cada crente pode averiguar tudo ao seu redor tendo-a como prumo. Ela é lâmpada e luz.

Por meio dela é possível fiscalizar a si próprio e às instituições políticas e religiosas. Quando qualquer cristão lê a Bíblia, seus olhos se abrem, as correntes das manipulações são quebradas, ninguém permanece amordaçado ou embotado. A Bíblia nos dá a certeza de que somos livres e que a verdade não está loteada.

Nosso desejo e oração é para que as novas gerações redescubram a Bíblia, leiam e a estudem.

1

O DEUS DOS CRISTÃOS

"Você pediu um Deus amoroso: agora tem um."

C.S. Lewis

(O Problema do Sofrimento –
Editora Vida – pág. 56)

O CRISTIANISMO PRESSUPÕE A EXISTÊNCIA DE UM DEUS CRIADOR – também e, principalmente, Pai – amoroso, trino, onisciente, onipotente e onipresente. Ele criou todo o universo e o homem a sua imagem e semelhança. Seu amor pelo homem não é cego, antes Ele trabalha para que esse homem se torne cada vez mais parecido com o Deus Filho, Jesus. "De todos os poderes, Ele é o que perdoa mais, porém o que menos fecha os olhos: Ele se satisfaz com pouco, mas exige tudo" (C.S. Lewis).

Por respeito à questão histórica, vale mencionar que o Deus cristão é o mesmo que chamou Abraão, o patriarca do povo hebreu, e lhe deu a tarefa de contar para as nações em redor que só existia, de verdade, um único Deus – e não a profusão incontável de divindades que, por exemplo, o Egito, a Babilônia, os cananeus, entre outros, cultuavam. Assim nascia uma das três maiores religiões monoteístas do mundo: o judaísmo. O Deus dos cristãos, portanto, é o mesmo do judaísmo e do Antigo Testamento, também chamado de Senhor dos Exércitos, Yavé, Jeová, o grande Eu Sou.

O Antigo Testamento traz inúmeras manifestações do poder de Deus, como o mar se abrindo, o sol parando, muralhas ruindo e pão caindo do céu literalmente. Apesar disso, ninguém nunca O viu face a face, mas todos que se relacionaram com Ele disseram ouvir sua voz. Não se pode, de fato, provar sua existência, mas os crentes, em geral, não estão nada preocupados com isso.

O escritor russo Liev Tolstoi confessou: "Apesar de estar bastante convencido da impossibilidade de provar a existência de Deus (Kant demonstrou e eu bem entendi que isso não pode ser comprovado), mesmo assim eu procurava Deus, esperava encontrá-Lo e, por força de um velho hábito, dirigia uma prece Àquele que procurava e não encontrava". C.S. Lewis disse que, se na época em que era ateu, tivessem perguntado por que ele não acreditava em Deus, teria respondido: "Olhe para o Universo em que vivemos. A maior parte dele consiste em espaço vazio, completamente escuro e inimaginavelmente frio. (...) A própria Terra existiu sem vida durante milhões de anos e talvez exista por outros milhões quando a vida a tiver abandonado. E como a vida é enquanto dura? É arranjada de modo tal que todas as suas formas só podem viver pilhando umas às outras. Nas formas inferiores, esse processo acarreta apenas a morte, enquanto nas superiores aflora uma nova qualidade chamada consciência que permite à vida ser acompanhada de sofrimento. As criaturas causam sofrimento ao nascer, vivem infligindo sofrimento e em sofrimento a maioria delas morre" (*O Problema do Sofrimento* – págs. 17 e 18).

Existem muitos motivos para não crer, apesar disso, e mesmo com os questionamentos mais ou menos inteligentes sobre Deus – como o clássico e facilmente refutável "se Deus existisse, as criancinhas não sofreriam" –, uma multidão permanece crendo de forma inconteste. O relacionamento com esse Deus invisível só existe por meio da fé, que, segundo a definição bíblica de Hebreus 11.1, é "a certeza de coisas que se esperam, a convicção de fatos que se não veem". A verdade é que, quando uma pessoa escolhe crer, depois de experimentar a liberdade e alegria de uma relação com o Deus Pai – quando é real, e não religiosa, não sente a necessidade de provar mais nada para ninguém. A fé lhe basta.

O que Ele não é

PARA OS CRISTÃOS, Deus não é uma energia criadora, uma luz, um espectro, mas uma pessoa, divina, eterna, o princípio de todas as coisas; sabe tudo, pode tudo e está em todos os lugares. Por que é como é, Ele é capaz de se relacionar com todas as pessoas da terra e ainda ser um Deus pessoal, que tem um contato individual com seus filhos, com quem você fala e é ouvido imediatamente, sem a necessidade de intermediários. A única regra para iniciar esse relacionamento é crer que Ele existe – "De fato, sem fé é impossível agradar a Deus, porquanto é necessário que aquele que se aproxima de Deus creia que Ele existe e que se torna galardoador dos que O buscam" (Hb 11.6). Rituais complexos, peregrinações, sacrifícios ou promessas não são requeridos do homem para se aproximar de Deus. É assim que Ele atua: sem burocracia, sem privilégios para alguns em detrimento de outros, sem mediação de pessoas.

Como já dissemos, a fé cristã impõe apenas uma condição: crer – e essa é a forma mais democrática de acesso a Deus, pois qualquer um, independentemente da classe ou condição social, intelectual e física, da raça, idade, peso ou aparência, pode crer. E, por meio da fé, o homem tem acesso a tudo o que esse relacionamento com Deus lhe traz, especialmente a salvação eterna.

Essa história de crer é fascinante. Muita gente imagina que só os mais humildes e vulneráveis intelectualmente acreditam na existência do Deus da Bíblia. No entanto, figuras como o cientista Isaac Newton admitiram sua existência: "Este mais belo sistema do Sol, planetas e cometas poderia apenas proceder do conselho e domínio de um Ser inteligente e poderoso". Galileu, que foi excomungado pela Igreja Católica quando disse que a Terra não era o centro do Universo, sempre creu. Einstein insistia que o mundo não poderia ter sido obra do acaso, reconhecendo a impossibilidade de um universo não criado.

E o que dizer de nomes como Tolstoi, Dostoievski, G.K. Chesterton, entre muitos outros homens brilhantes, intelectualmente privilegiados, escritores, empresários e inventores, que empreenderam uma busca por Deus e escolheram crer? Fé não é uma prerrogativa de classes, castas, etnias. Fé é universal, para quem quiser.

Tolstoi, que tentou viver as minúcias do que Jesus pregou, conta que por ter começado a ler e a pensar muito cedo, sua renúncia à doutrina religiosa se tornou consciente também muito cedo. "Desde os dezesseis anos deixei de ajoelhar para as orações e, voluntariamente, parei de frequentar a Igreja e de jejuar. Deixei de acreditar naquilo que me foi ensinado desde a infância, mas continuei acreditando em algo" (*Uma Confissão* – Tolstoi/1882 – Ed. Penguin/Companhia).

Apesar de renegar a religião e até ser excomungado pela Igreja Ortodoxa Russa, sua busca por Deus foi emblemática. Ele simplesmente sentia falta de algo, saudade de um lugar desconhecido, uma inquietude a ponto de pensar no suicídio. Ele reconhece que não sabia em que acreditava; não sabia se tinha fé em Deus ou se simplesmente não negava Deus. Também não sabia dizer qual Deus. Como a maioria de nós, sua busca persistia porque lhe faltava algo. No caso dele, não faltava dinheiro, amor, fama, nem sucesso, mas faltava algo e, então, vieram as crises e a busca incessante.

Ele escreveu: "Na mesma época acontecia comigo o seguinte. Durante todo esse ano em que a cada minuto me perguntava se não devia acabar comigo com um laço ou uma bala, durante todo esse tempo, além daqueles pensamentos e observações dos quais falei, meu coração se afligia com um sentimento doloroso. Tal sentimento não posso definir de outro modo senão como a busca por Deus (...) Lembrei-me de que só vivi quando acreditava em Deus. Nesse momento, assim como antes, disse para mim mesmo: quando sei que Deus existe, eu vivo; basta esquecê-Lo e desacreditá-Lo que eu morro. O que são essas ressuscitações e essas mortes? Eu não vivo quando perco a fé na existência de Deus; teria me matado há muito tempo se não tivesse uma vaga esperança de encontrá-Lo. Pois eu só vivo, realmente vivo, quando O sinto e procuro por Ele. 'Então o que mais eu procuro?', gritou uma voz dentro de mim. 'Aqui está Ele. Ele é aquilo sem o qual não se pode viver. Ter consciência de Deus e viver é o mesmo. Deus é a vida. Viva em busca de Deus e então não haverá vida sem Deus.' E, com mais força do que nunca, tudo se iluminou ao meu redor e essa luz não me abandonou mais. E me salvei do suicídio" (*Os Últimos Dias* – Liev Tolstoi – Editora Penguin/Companhia – págs. 25 a 30).

Deus é o centro de tudo, não o homem

O DEUS DOS CRISTÃOS SE DEIXA ENCONTRAR porque Ele assim o quer; Ele deseja se relacionar com sua criação, com seus filhos. Mas nessa relação o homem não é o centro. Os ateus e críticos da fé de plantão insistem que o homem criou Deus como fuga, escape para seus problemas, mas até um cristão mediano sabe que o homem não é o centro de tudo, o que é muito, muito bom.

C.S. Lewis também trata disso: "O homem não é o centro. Deus não existe para o bem do homem. O homem não existe para o próprio bem. (...) Não fomos feitos em primeiro lugar para que possamos amar a Deus (embora tenhamos sido criados para isso também), mas para que Deus nos possa amar, para que possamos nos tornar algo em que o amor divino possa repousar plenamente satisfeito. Pedir que o amor de Deus fique satisfeito conosco como somos é pedir que Deus deixe de ser Deus (...) E, pelo fato de já nos amar, Ele deverá trabalhar para nos tornar amáveis" (*O Problema do Sofrimento* – Editora Vida – págs. 57 e 58).

E se Deus é o centro, se é perfeito, se criou tudo

perfeito, como o mundo chegou a este estágio de decadência? Isso tem a ver com a escolha que o primeiro homem fez; ele decidiu seguir a sua própria vontade, e não a vontade de Deus. E continuamos, na maioria, fazendo a nossa própria vontade, e o mundo é resultado disso. Muita gente reclama e se torna um murmurador contumaz: "Por que Deus permitiu? Por que Deus deixou?" – mas a vida, a sua vida hoje, pelo menos 80% dela, é resultado de suas escolhas. Os 20% restantes são resultado da escolha de outros homens. Os homens, muitas vezes, não entregam suas vidas à direção e vontade de Deus, não O buscam para tomar suas decisões, mas O culpam por seus problemas.

Portanto, olhar a vida, o mundo e tentar daí depreender quem é esse Deus da Bíblia seria injusto. A chance que temos de, realmente, conhecer o Deus invisível é olhá-Lo por intermédio de seu Filho, Jesus Cristo. Ele é a prova de amor, a continuação, a correção de uma rota que foi desviada há muito tempo.

Crer ou não crer, adorá-Lo ou não, não faz diferença para Ele; faz para nós. Como escreveu Lewis, "o ser humano pode reduzir a glória de Deus recusando-se a Lhe prestar culto tanto quanto o lunático pode apagar o

Sol ao representar toscamente a palavra "escuridão" nas paredes de sua cela. Mas Deus deseja nosso bem, e este equivale a amá-Lo (com o amor e gratidão apropriados às criaturas). E para amá-Lo devemos conhecê-Lo.

2

JESUS CRISTO – UMA MUDANÇA DE ROTA EM NOSSO FAVOR

"Ainda que me provassem que Cristo
não está com a verdade, preferiria permanecer
com Cristo a permanecer com a verdade."

Fiodor Dostoievski

"E o Verbo se fez carne e habitou entre nós,
cheio de graça e de verdade."

João 1.14

A CRISTANDADE PASSOU POR MOMENTOS EMBARAÇOSOS em sua história, para dizer o mínimo – matou-se muito em nome de Deus, por exemplo, durante as Cruzadas, e vez ou outra aparece um maluco atirando em jovens e crianças e dizendo que Deus mandou. Jesus Cristo, no entanto, segue incontaminado em sua reputação. Jesus é maior que o cristianismo. Mesmo o mau testemunho de algumas organizações religiosas nunca conseguiram desacreditá-Lo.

Para muitos, Ele foi um grande profeta, um mestre; mas, para os cristãos, Ele é o filho de Deus e salvador da humanidade. O apóstolo João escreveu: "Porque Deus amou ao mundo de tal maneira que deu o seu Filho unigênito, para que todo o que nele crê não pereça, mas tenha a vida eterna" (João 3.16). De acordo com a Bíblia, Deus enviou seu Filho único para salvar a humanidade. Para entender, em parte, o plano de Deus que está detalhado nos Evangelhos, é preciso que o leitor comece a desconstruir a imagem religiosa que tem de Jesus. Em primeiro lugar e para começo de conversa, sua aparência é bem diferente daquela mostrada pelos pintores da Renascença, quando aparece com uma pele perfeita, cabelos compridos ondulados e nariz caucasiano. Jesus era hebreu; portanto, seu biotipo era do típico homem do Oriente Médio. Ele tinha a aparência comum de um homem daquela época. Veja como o profeta Isaías descrevia o Messias: "Porque foi subindo como renovo perante Ele e como raiz de uma terra seca; não tinha aparência nem formosura; olhamo-Lo, mas nenhuma beleza havia que nos agradasse" (Isaías 53.2).

Ele também não era um religioso que permaneceu enclausurado longe da sociedade e das multidões. Ao contrário, seu lugar sempre foi no meio do povo. Ele desejava o contato com as pessoas e seus problemas, não importando a raça, credo, sexo ou posição social. Nunca teve pudores para arregaçar as mangas e colocar as mãos nas feridas de leprosos ou na cabeça de prostitutas. Jesus nunca quis parecer um super-homem, sempre transitou muito bem no mundo dos homens. Divertia-se em festas, chorava, sentia sono, fome, calor e frio como todos nós. Almoçava com agiotas, jantava com religiosos; andava com a escória e com os de boa fama. Ele não valorizava as convenções humanas nem as religiosas; não se importava com a profissão, com as roupas, usos e costumes das pessoas. Jesus era totalmente livre em seu espírito.

Seu encontro com uma mulher adúltera é suficiente para explicar quem Ele era e como pensava:

"Os escribas e fariseus trouxeram à sua presença uma mulher surpreendida em adultério e, fazendo-a ficar de pé no meio de todos, disseram a Jesus: Mestre, esta mulher foi apanhada em flagrante adultério. E na lei nos mandou Moisés que tais mulheres sejam apedrejadas; tu, pois, que dizes? Isto diziam eles tentando-o, para terem de que o acusar. Mas Jesus, inclinando-se, escrevia na terra com o dedo. Como insistissem na pergunta, Jesus se levantou e lhes disse: Aquele que dentre vós estiver sem pecado seja o primeiro que lhe atire pedra. E, tornando a inclinar-se, continuou a escrever no chão. Mas, ouvindo eles essa resposta e acusados pela própria consciência, foram-se retirando um por um, a começar pelos mais velhos até os últimos, ficando só Jesus e a mulher no meio onde estava. Erguendo-se Jesus e não vendo ninguém mais além da mulher, perguntou-lhe: Mulher, onde estão aqueles teus acusadores? Ninguém te condenou? Respondeu ela: Ninguém, Senhor! Então, lhe disse Jesus: Nem eu tampouco te condeno; vai e não peques mais." (João 8.3-11)*

Esse seu posicionamento diante de uma adúltera – que a lei de Moisés mandava matar por apedrejamento – pode ser explicado por sua declaração a respeito de si mesmo: "Aprendei de mim, porque sou manso e humilde de coração; e achareis descanso para a vossa alma. Porque o meu jugo é suave, e o meu fardo é leve" (Mateus 11.29-30).

Graça, o incrível bônus do cristianismo

A ESSE AMOR ACOLHEDOR E DESPROVIDO DE JULGAMENTO chamamos graça. Se você, um dia, escolher enveredar por esse caminho cristão, vai ouvir falar muito de graça e, honestamente, vai precisar dela. E quando finalmente compreender, ao menos em parte, sua extensão, vai agradecer por esse supermegabônus do cristianismo. Assim, gostaríamos de nos deter um pouco mais nesse tema. E para que o leitor tenha a chance de entender Jesus por meio da graça, vamos pedir emprestado uma das histórias do livro *Maravilhosa Graça*, de Philip Yancey, jornalista e escritor cristão.

Na história, uma jovem criada no interior dos Estados Unidos, depois de constantes discussões e discordâncias com os pais, decidiu fugir de casa e acabou em uma grande cidade americana. No seu segundo dia na metrópole, conheceu um cafetão. "Ele lhe ofereceu carona, pagou-lhe um almoço e arranjou um lugar para ela ficar. O homem deu-lhe alguns comprimidos que a fizeram sentir-se melhor do que jamais se sentira. A boa vida continuou durante um mês, dois meses, um ano. O homem ensinou-lhe coisas de que os homens gostam e ela se tornou uma garota de programa. Sendo menor de idade, os homens lhe pagavam mais. Depois de um ano, ficou doente e foi descartada pelo 'chefe'. Ela ainda conseguia ganhar alguma coisa de noite, mas não lhe pagavam muito, e todo o dinheiro era usado para manter o vício. Quando chegou o inverno, ela se encontrava dormindo nas grades de metal do lado de fora de uma loja de departamentos. Uma noite ela se encontrava acordada, atenta ao barulho de passos; de repente, tudo ao seu redor pareceu diferente. Ela não se sentia mais como uma mulher do mundo. Sentia-se uma menininha perdida em uma cidade fria e assustadora. Começou a soluçar. Seus bolsos estavam vazios e ela sentia fome. Trêmula, encolheu as pernas debaixo dos jornais que empilhara sobre o casaco. Alguma coisa acionou uma série de lembranças... 'Deus, por que fugi?', ela disse para si mesma. 'Meu cachorro em casa come melhor do que eu agora'. A jovem estava soluçando e, imediatamente, percebeu que desejava voltar para casa mais do que qualquer outra coisa no mundo. Três telefonemas, todos caindo na secretária eletrônica. Nas duas primeiras vezes, ela desligou sem deixar uma mensagem; na terceira, porém, disse: 'Papai, mamãe, sou eu. Estive pensando em voltar para casa. Estou pegando um ônibus e chegarei aí amanhã lá pela meia-noite. Se vocês não estiverem me esperando, bem, acho que ficarei no ônibus e irei para o Canadá'.

Foram sete horas de ônibus... E se os pais estivessem fora da cidade e nem tivessem ouvido a mensagem? Não deveria ter esperado outro dia para poder falar com eles? E, mesmo que estivessem em casa, provavelmente já a consideravam morta há muito tempo. Deveria ter-lhes dado um tempo para se recuperarem do choque. Seus pensamentos pulavam de lá para cá entre as preocupações e o discurso que estava preparando para o pai. 'Papai, sinto muito. Sei que estava errada. A culpa não foi sua; foi minha. Papai, você pode me perdoar?' Ela repetiu as palavras muitas e muitas vezes, com a garganta apertada enquanto as ensaiava. Quando o ônibus finalmente entrou na rodoviária, os freios sibilando em protesto, o motorista anunciou ao microfone: 'Quinze minutos, pessoal. É tudo quanto vamos demorar aqui'. Quinze minutos para decidir sua vida. Ela se examinou em um espelhinho, alisou o cabelo e limpou o dente manchado de batom. A jovem entrou no saguão sem saber o que esperar. Dos milhares de cenas que haviam passado por sua cabeça, nenhuma a preparou para aquilo que viu. Ali, naquele terminal de ônibus de paredes de concreto e cadeiras de plástico, em Michigan, estava um grupo de quarenta parentes: irmãos e irmãs, tios e primos, uma avó e uma bisavó para recebê-la. Todos eles estavam usando chapeuzinhos de festa e assoprando apitos; na parede do terminal havia um cartaz dizendo: 'Seja bem-vinda!' Da multidão que a recepcionava irrompeu o pai. Ela olhou para ele através das lágrimas que brotavam dos seus olhos como mercúrio quente e começou o discurso memorizado: 'Papai, sinto muito. Eu sei...' Ele a interrompeu. 'Quieta, filhinha. Não temos tempo para isso agora. Nada de pedidos de desculpas. Você vai chegar atrasada na festa. Lá em casa há um banquete esperando por você'" (*Maravilhosa Graça* – Editora Vida).

Entendeu agora o que é graça? A história original que Jesus contou para falar de graça – e na qual essa, da moça de Michigan, se baseia – está em Lucas 15.11. É a parábola do Filho Pródigo. "Vinha ele ainda longe, quando seu pai o avistou, e, compadecido dele, correndo, o abraçou, e beijou. E o filho lhe disse: Pai, pequei contra o céu e diante de ti; já não sou digno de ser chamado teu filho. O pai, porém, disse aos seus servos: Trazei depressa a melhor roupa, vesti-o, ponde-lhe um anel no dedo e sandálias nos pés; trazei também e matai o novilho cevado. Comamos e regozijemo-nos, porque este meu filho estava morto e reviveu, estava perdido e foi achado" (Mt 15.20-24).

Jesus, com uma abordagem totalmente fora da curva para os religiosos, inaugurou o chamado tempo da graça.

Jesus chega para explicar o que o homem tem dificuldade de entender: em primeiro lugar, que Deus está perto e é acessível a todos, por isso Jesus é chamado de Emanuel, que quer dizer Deus conosco; segundo, Ele nunca vai desistir, por isso fez, faz e fará tudo para reconciliar o homem consigo mesmo; e terceiro, Ele está disposto a esperar que cada filho tome a decisão e volte para a casa do Pai. Nunca será por força, nem ameaças, nem chantagens emocionais. Ele senta olhando a estrada e espera, porque alguns têm que procurar pelo mundo todo ou durante a vida toda aquilo que sempre esteve ao seu lado.

"Eu sou o Alfa e o Ômega, o Primeiro e o Último, o Princípio e o Fim." (Apocalipse 22.13)

"Porque a Palavra de Deus é viva e eficaz, e mais cortante do que qualquer espada de dois gumes, e penetra até ao ponto de dividir alma e espírito, juntas e medulas, e é apta para discernir os pensamentos e propósitos do coração." (Hebreus 4.12)

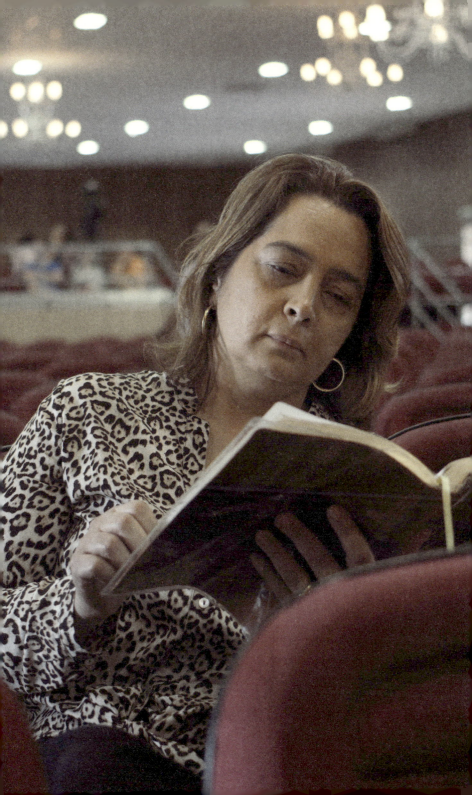

O louvor e a adoração fazem parte do culto a Deus.

O verdadeiro cristão aprende a
viver do que crê, e não do que vê.

Um vento impetuoso soprou na minha vida

NASCI EM UMA FAMÍLIA SUPERCATÓLICA: dois tios padres, missa todos os domingos, missa na minha casa. Um desses tios, o frei Carlos, sempre me presenteava com Bíblias e livros que contavam histórias sobre Deus e Jesus. Ele, muitas vezes, até nos dava hóstias – não consagradas, é claro – e a gente brincava de celebrar a missa. Assim cresci, mas nem de longe isso significava uma família feliz e ajustada.

Quando eu tinha entre 15 e 16 anos, fui convidada por uma amiga para ir a uma reunião de oração "diferente". Era o ano de 1982, e boa parte do nosso grupo de amigos frequentava as incipientes reuniões da Renovação Carismática Católica. Essas reuniões da RCC aconteciam aos domingos de manhã, após a missa, nos fundos da Igreja de Santo Antônio. O padre não participava, nem gostava muito porque a gente lia e estudava a Bíblia, tocava violão, cantava e batia palmas. Ele achava que o negócio estava começando a se parecer demais com as igrejas "crentes" (protestantes). Enquanto ele permitiu, a cada domingo um jovem estudava uma palavra da Bíblia e levava para repartir o que tinha aprendido com o grupo. Lembro-me de que o primeiro estudo que levei foi sobre a Parábola das Dez Virgens.

Bem, em um sábado, a Elaine me chamou e disse quase sussurrando que estava acontecendo uma reunião muito diferente na casa do Jairo e que a gente devia ir lá pra ver. Fomos de bicicleta. Quando chegamos, a reunião já havia começado. As pessoas estavam orando, todos de olhos fechados; alguns ajoelhados, outros sentados e outros em pé. Todos católicos, diga-se de passagem. Não havia mais lugar. Então acabei me acomodando no chão, entre um sofá e a parede da sala. Alguns choravam, outros cantavam e outros estavam orando em uma língua estranha. Eu não estava entendendo nada. Fui ficando ali, mas de repente comecei a sentir uma vontade de chorar e chorei muito, e comecei a vislumbrar a possibilidade de Deus não estar tão distante quanto eu imaginava, mas que podia ser acessível, e que Ele, de alguma forma, estava interessado em mim. Ao final, fiquei sabendo que era uma das famosas reuniões de busca do batismo com o Espírito Santo, muito comentadas pelos participantes da RCC, mas que a gente jamais comentaria com os padres. Era tudo meio secreto e clandestino.

Essa foi minha primeira experiência com o Espírito Santo de Deus. Depois disso, corri para estudar a Bíblia e entender melhor tudo aquilo. E vi que não existia segredo algum, mas estava tudo escrito lá para quem quisesse ler.

Meus amigos e eu passamos a estudar o capítulo 2 de Atos dos Apóstolos e 1º Coríntios 12, trechos que falam sobre a descida do Espírito Santo no Pentecostes e sobre os dons espirituais. Essa experiência mudou radicalmente a minha visão de Deus e do mundo espiritual.

Isso tudo, que era uma surpresa para nós católicos, era corriqueiro para as igrejas protestantes pentecostais, que são aquelas que acreditam que a experiência vivida pelos apóstolos no Pentecostes, após a morte e ressurreição de Jesus, pode ser vivida por todos os cristãos.

MÔNICA VENDRAME

Nosso corpo é o templo do
Espírito Santo e, portanto,
deve ser cuidado e respeitado.

Os evangélicos acreditam que Jesus Cristo é o filho de Deus que veio a esta terra para nos reconciliar com Deus e nos salvar de nós mesmos e da morte eterna.

É imprescindível não andar ansioso
por coisa alguma, mas aprender a estar
bem em toda e qualquer situação.

Muito prazer, sou Jesus

SEMPRE TIVE UMA ENORME CURIOSIDADE PELA FIGURA DE JESUS. Cresci numa família católica, cursei escola de freiras e não posso negar que tenha aprendido sobre a vida e obra de Jesus durante esse tempo... Mas alguma coisa ainda parecia não ser real. Eu O respeitava e entendia sua importância, mas não O via como Deus e certamente não O via ao meu lado.

Queria poder conversar com Jesus. Desde a infância e adolescência, fantasiava as coisas mais loucas... Um túnel do tempo? Não seria o máximo poder viajar no tempo e encontrar Jesus sentado à beira do mar da Galileia? Como será que Ele realmente era? Queria sentar ao seu lado e conhecê-Lo melhor, fazer os milhões de perguntas que tanto me atormentavam... Por que você teve que morrer? Por que temos que sofrer? Quando vai acabar? Quando vou poder vê-Lo de verdade?

Busquei respostas em muitas literaturas, históricas e de ficção. Nunca encontrei. Muitas teorias, mas nada que me fizesse entender de verdade quem Ele era. Lia pouco a Bíblia, tenho de admitir, pois não acreditava que encontraria nela todas as respostas. A Bíblia era um livro "pesado" para mim, cercado de mistérios.

Quando fiz 18 anos, entrei na faculdade de jornalismo da Universidade Metodista e passei a ter contato com protestantes, principalmente batistas. Ao mesmo tempo, aumentou meu convívio com pessoas extremante racionais e incrédulas, os jornalistas. Algumas amigas cristãs me falavam de reuniões de oração "poderosas", onde eu poderia ter contato com o Espírito Santo, mas sinceramente não me interessava muito. Tinha preconceito, achava aquilo tudo muito fanatismo... A razão sempre vinha como uma espécie de bloqueio, me levando na direção oposta.

A vontade de conhecer Jesus, no entanto, prosseguia e acabei sendo levada por ela. Fui a algumas reuniões e comecei a me abrir mais... Mas faltava o que os cristãos chamam de "viver uma verdadeira experiência com Deus". Esse momento finalmente chegou, mas não exatamente como eu imaginava. Em uma das muitas madrugadas em que voltava para casa depois de uma festa, dormi ao volante e simplesmente não fiz uma curva. Bati o carro com toda a força em um poste e desmaiei... Me lembro de pouca coisa daquela noite, das pessoas me tirando do carro, alguma coisa do caminho até o hospital, das vozes preocupadas dos meus pais. Mas de uma coisa me lembro como se fosse hoje: de Jesus. Eu O chamei e Ele me respondeu. "Não quero morrer, quero Te conhecer. Me ajude, Jesus", eu disse. E Ele respondeu: "Estou aqui, sempre estive. Te amo, você não vai morrer". É difícil explicar o que aconteceu, mas senti que Ele estava ali. Senti sua presença ao meu lado de uma forma que nunca tinha sentido! Procurei-O tanto, por tanto tempo, e Ele estava ali ao meu lado, sempre esteve.

A partir daquele dia, comecei uma caminhada diária com Ele. Sinto sua presença todo o tempo, converso com Ele todos os dias. Me recuperei rápido do acidente e me entreguei de verdade ao que acreditava, mesmo diante de todas as oposições. Não tinha mais importância o que pensavam, se achavam que eu estava louca ou não... Jesus estava ao meu lado.

Cerca de 20 anos depois, em Israel, tive uma nova experiência maravilhosa... Estava no Getsêmani, orando, e disse: "Puxa, Jesus, quando eu ia sonhar que um dia estaria aqui, conversando com o Senhor, como sempre imaginei?" E Ele respondeu, de forma praticamente audível (acredite se quiser): "Mas eu sempre soube, desde aquele dia, há mais de 2 mil anos, quando estava aqui orando por você".

CLÁUDIA PIRES

3

TRAGADA FOI
A MORTE PELA VIDA

"Ele veio buscar e salvar o que se havia perdido."

Lucas 19.10

POR TUDO QUE JESUS DE FATO É E ENSINOU não dá para entender por que as pessoas, quando pensam no cristianismo, muitas vezes se sentem acusadas. Compreendemos quando acusam as religiões de carregarem a vida do homem de culpa, mas Jesus não pode ser acusado disso. Ele não acrescenta; Ele tira a culpa.

Jesus passou três anos buscando traduzir a linguagem do amor de Deus para o idioma de homens decaídos. Um de seus sermões mais importantes e que vira nosso mundo de ponta-cabeça diz: "Ouvistes que foi dito: Olho por olho, dente por dente. Eu, porém, vos digo: não resistais ao perverso; mas, a qualquer que vos ferir na face direita, voltai-lhe também a outra; e, ao que quer demandar convosco e tirar-vos a túnica, deixai-lhe também a capa. Se alguém vos obrigar a andar uma milha, voltei com ele duas. Emprestai a quem vos pede e não voltei as costas ao que deseja que lhe empresteis. Ouvistes que foi dito: Amareis o vosso próximo e odiareis o vosso inimigo. Eu, porém, vos digo: amai os vossos inimigos e orai pelos que vos perseguem; para que vos torneis filhos do vosso Pai celeste, porque Ele faz nascer o seu sol sobre maus e bons e vir chuvas sobre justos e injustos. Porque, se amardes os que vos amam, que recompensa tendes? Não fazem os publicanos também o mesmo? E, se saudardes somente os vossos irmãos, que fazeis de mais? Não fazem os gentios também o mesmo? Portanto, sede vós perfeitos como perfeito é o vosso Pai celeste" (Mt 5.38-48).

Jesus não tem detratores humanos – difícil falar mal de alguém que pregou o amor, a resistência não violenta, a tolerância, a igualdade entre os homens etc. –, mas muitos O consideram apenas um mestre, um profeta, um ser iluminado. A Bíblia, entretanto, afirma que Ele é o Deus que se fez carne e habitou entre nós (João 1.14). O cristianismo acredita que Ele é o próprio Deus encarnado. Mas isso, como tudo para os cristãos, é apenas uma questão de fé. Ou você crê ou não.

Lewis busca ajudar a provar o ponto de vista bíblico: "Estou tentando impedir que alguém repita a rematada tolice dita por muitos a seu respeito: 'Estou disposto a aceitar Jesus como um grande mestre da moral, mas não aceito a afirmação de ser Deus'. Essa é a única coisa que não devemos dizer. Um homem que fosse somente um homem e dissesse as coisas que Jesus disse não seria um grande mestre da moral. Seria um lunático – Ele disse que podia perdoar os pecados de todos. Faça a sua escolha. Ou esse homem era, e é, o Filho de Deus, ou não passa de um louco ou coisa pior. Você pode querer calá-lo por ser um louco ou pode prostrar-se aos seus pés e chamá-Lo de Senhor e Deus. Mas que ninguém venha, com paternal condescendência, dizer que Ele não passava de um grande mestre humano. Ele não nos deixou essa opção e não quis deixá-la" (*Cristianismo Puro e Simples* – editora WMF Martins Fontes – págs. 69 e 70).

Quantos mestres da moral morreram pregados em uma cruz em favor da humanidade? Sua morte foi o *gran finale* de todos os seus discursos sobre amor. Jesus disse que ninguém tem maior amor do que aquele que dá a vida pelos seus amigos (João 15.13). E foi o que Ele fez. A morte, em si, não é o diferencial competitivo do cristianismo, mas a ressurreição o é. Os teólogos concordam que esse é o ponto que distingue o cristianismo de todas as outras religiões.

Por que Jesus teve de morrer?

MAS ANTES DE FALAR DE RESSURREIÇÃO, por que Jesus tinha de morrer? Para pagar a dívida da humanidade com Deus. Que dívida? Para responder a essa pergunta, precisamos voltar no tempo; voltar a um jardim, o Éden. Como dissemos no capítulo anterior, o homem não é o centro de tudo, mas Deus é. Ele criou o homem para se relacionar com Ele; colocou o livre-arbítrio na equação – um mundo feito de robôs não valeria a pena ser criado – e impôs uma única condição, até para que o homem tivesse como exercer seu livre-arbítrio. O primeiro homem e a primeira mulher, que tinham acesso e privilégios quase ilimitados, não poderiam se alimentar de apenas uma árvore do jardim onde viviam. A obediência a essa regra resultaria na manutenção daquela vida idílica e privilegiada. A desobediência traria uma consequência e um preço a ser pago.

"E o Senhor Deus lhe deu esta ordem: De toda árvore do jardim comerás livremente, mas da árvore do conhecimento do bem e do mal não comerás; porque, no dia em que dela comeres, certamente morrerás." (Gênesis 2.15-16)

Primeiro teste, primeiro fracasso. O jovem casal transgrediu uma lei e contraiu uma dívida – a esse acontecimento, chamamos Queda. A partir daí, a morte física e a espiritual passaram a fazer parte do mundo perfeito criado por Deus. Por isso, até hoje, a morte física causa tanta estranheza a todo ser vivo, porque o homem não foi criado para morrer. Foi uma contingência e veio depois. "Porque o salário do pecado é a morte, mas o dom gratuito de Deus é a vida eterna em Cristo Jesus, nosso Senhor" (Romanos 6.23).

Como o casal escolheu mal, Deus, rapidamente, traçou um plano para corrigir a rota. Desde Gênesis já estava claro que Ele faria algo. Jesus era esse algo; mas o plano de Deus não terminaria com uma morte de cruz. Teimosamente, Deus não desiste dessa relação; seu plano sempre foi resgatar o homem de sua condição decaída para sua condição soberana de antes da queda.

Por meio de Jesus, a sentença "certamente morrerá" (Gn 2.16) foi modificada.

Um novo jardim se apresenta, o Getsêmani – palavra que significa prensa da azeitona. Outro jardim, nenhuma árvore proibida, mas ainda uma escolha a ser feita. O primeiro Adão sucumbiu a sua própria vontade. E caímos todos em um buraco. No Getsêmani, o segundo Adão, que é Jesus, disse: "Meu Pai, se possível, passe de mim este cálice! Todavia, não seja como Eu quero, e sim como Tu queres" (Mateus 26.39). Pronto! Essa era a resposta certa; e cada coisa voltava ao seu lugar – Deus no centro. Estava encerrada a longa e terrível história da tentativa do homem de descobrir a felicidade em outra coisa que não Deus. Jesus escolheu não a sua, mas a vontade do Pai.

Por que um inocente teve de pagar pelos culpados? "Ora, todos sabem que quando uma pessoa cai em um buraco, o problema de tirá-la de lá geralmente recai sobre os ombros de um bom amigo" (Lewis – *Cristianismo Puro e Simples*, pág. 75).

O homem não poderia salvar a si próprio. Assim, Deus resolveu a questão enviando seu Filho para fazer o trabalho pesado. O apóstolo Paulo explicou assim: "Pois ele [Jesus], subsistindo em forma de Deus, não julgou como usurpação o ser igual a Deus; antes, a Si mesmo se esvaziou, assumindo a forma de servo, tornando-se em semelhança de homens; e, reconhecido em figura humana, a Si mesmo se humilhou, tornando-se obediente até a morte e morte de cruz. Pelo que também Deus O exaltou sobremaneira e Lhe deu o nome que está acima de todo nome, para que ao nome de Jesus se dobre todo joelho, nos céus, na terra e debaixo da terra, e toda língua confesse que Jesus Cristo é Senhor, para glória de Deus Pai" (Filipenses 2.6-11).

Jesus morreu em uma tarde de sexta-feira no Monte Caveira, ou Gólgota, que ficava fora dos muros de Jerusalém. Ele foi julgado e condenado como assassino e ladrão e recebeu como sentença a crucificação. O historiador Flávio Josefo nos explica que essa era a mais deplorável das mortes, a mais humilhante. Jesus permaneceu pregado à cruz, completamente nu e ensanguentado, e morreu lentamente por asfixia; uma tortura que durou longas horas.

Durante esse período terrível, Jesus disse: "Pai, perdoa-lhes porque não sabem o que estão fazendo" (Lucas 23.34). Só alguém cônscio de sua missão e de seu papel de mediador e intercessor – "Porquanto há um só Deus e um só Mediador entre Deus e os homens, Cristo Jesus, homem" (1 Timóteo 2.5) – poderia pensar nos seus algozes naquela hora. Ele também disse: "Meu Deus, por que me abandonaste?" (Marcos 15.34). Ele sentiu dores, aflições e angústias inimagináveis. Espiritualmente falando, naquele momento, Ele carregava os pecados do mundo todo – o Cordeiro de Deus, que tira o pecado do mundo – e, no meio de tamanha escuridão, não via Deus. Sentiu-se profundamente só; foi abandonado pelos homens e por Deus. Apesar disso, ainda consciente, Ele bradou: "Está consumado!" Ele cumpriu sua missão redentora.

Depois de sofrer na carne, Jesus ainda tinha outra missão. Vencer a morte e o inferno. Em 1 Pe 3.18-20 está escrito: "Pois também Cristo morreu, uma única vez, pelos pecados, o justo pelos injustos, para conduzir-vos a Deus; morto, sim, na carne, mas vivificado no espírito, no qual também foi e pregou aos espíritos em prisão, os quais, noutro tempo, foram desobedientes quando a longanimidade de Deus aguardava nos dias de Noé, enquanto se preparava a arca, na qual poucos, a saber, oito pessoas, foram salvos, através da água". Grande parte dos estudiosos da Bíblia e do cristianismo entende que aqui o apóstolo Pedro revela o que aconteceu no dia entre a crucificação e a ressurreição. Jesus desceu ao inferno e pregou aos espíritos encarcerados. Martinho

Lutero disse: "Cremos simplesmente que a pessoa inteira, Deus e ser humano, desceu ao inferno depois do sepultamento, venceu Satanás, destruiu o poder do inferno e acabou com todo o poder do diabo".

Difícil de acreditar em tudo isso? Tudo bem. A Bíblia conta que Tomé, que andou com Jesus por três anos, disse que não acreditaria em sua ressurreição se não O visse e se não colocasse o dedo em suas feridas, o que de fato aconteceu.

Eu quero viver, eu quero viver

SE ALGUÉM LHE PERGUNTASSE SE VOCÊ PREFERE A VIDA ETERNA ou a morte eterna, qual a chance de escolher a segunda opção? Todo mundo quer viver, todo mundo quer ir para o céu. De acordo com a Bíblia, o único caminho para lá é Jesus Cristo. Ele disse: "Eu sou a ressurreição e a vida. Quem crê em mim, ainda que morra, viverá" (João 11.25).

Como ter acesso a esse caminho? É muito mais fácil do que parece. Basta querer. Basta crer. O homem, com sua racionalidade e intelectualidade, é quem coloca barreiras para que esse encontro aconteça. Mas a verdade é que, para isso, basta acreditar que Ele veio ao mundo, viveu entre nós e morreu por escolha própria, para nos dar a vida eterna.

Simples assim. Basta crer que Ele morreu e ressuscitou por nós, vencendo aquilo que homem nenhum tem poder para vencer: a morte. É como uma pessoa que se aproxima e bate na porta da nossa casa querendo entrar. Jesus não força a entrada, mas espera pacientemente que abramos a porta. Cabe a nós deixar que faça parte da nossa vida. É a isso que chamamos ter um encontro com Deus.

"Eis que estou à porta e bato; se alguém ouvir a minha voz e abrir a porta, entrarei em sua casa e cearei com ele, e ele, comigo." (Apocalipse 3.20)

"Se, com a tua boca, confessares Jesus como Senhor e, em teu coração, creres que Deus o ressuscitou dentre os mortos, serás salvo. Porque com o coração se crê para justiça e com a boca se confessa a respeito da salvação." (Romanos 10.9-10)

"Todo aquele que o Pai me dá, esse virá a mim; e o que vem a mim, de modo nenhum o lançarei fora." (João 6.37)

Dura coisa é recalcitrar contra os aguilhões

O APÓSTOLO PAULO TEVE UM ENCONTRO ARREBATADOR com Jesus, que mudou não apenas seu nome, mas sua vida inteira. Antes desse encontro ele se chamava Saulo, era fariseu (seita radical do judaísmo), perseguia e mandava prender e até matar os cristãos. Sim. Saulo era um assassino. Foi conivente com as prisões e torturas e chegou a ordenar a morte de muitos cristãos nos primeiros anos de existência da Igreja. O diácono Estevão, por exemplo, morreu apedrejado à sua frente (Atos 7.55-60).

Como aconteceu a conversão desse assassino que odiava Jesus e seus seguidores? No caminho de Damasco, uma luz intensa brilhou diante dos seus olhos de tal forma que ele caiu de seu cavalo. Sem enxergar nada, ouviu uma voz que dizia: "Saulo, Saulo por que me persegues?" E ele perguntou: Quem és tu, Senhor?" E a voz respondeu: "Eu sou Jesus, a quem tu persegues" (Atos 9.3-5). Após um período de cegueira, Saulo se levantou como Paulo, apóstolo, e saiu pregando o Evangelho por todo o mundo, como nunca ninguém antes dele havia pregado. Paulo viajou pela Ásia e Europa, enfrentou torturas e perseguições, fome, naufrágios... tudo por amor àquele Jesus que ele perseguia sem conhecer. O que ele fez para mudar tanto? Ele se rendeu ao Caminho, à Verdade e à Vida.

"Eu sou o caminho, e a verdade, e a vida; ninguém vem ao Pai senão por mim." (João 14.6)

Jesus veio ao mundo como homem e viveu uma vida sem pecados, mas carregou todas as nossas faltas com Ele naquela cruz. Se acreditarmos verdadeiramente nisso, nossos pecados serão perdoados e receberemos a salvação. Ela é de graça! Não há nada que possamos fazer para pagar ou merecer o que Cristo fez por nós.

ESPÍRITO SANTO, O DEUS QUE CONTINUA NA TERRA

POUCO ANTES DE SER CRUCIFICADO, em uma das conversas com os discípulos sobre sua morte, Jesus revelou algo surpreendente: "E eu rogarei ao Pai, e Ele vos dará outro Consolador, a fim de que esteja para sempre convosco, o Espírito da verdade, que o mundo não pode receber, porque não o vê, nem o conhece; vós o conheceis, porque Ele habita convosco e estará em vós. Não vos deixarei órfãos, voltarei para vós outros" (João 14.16-18). No texto original, em grego, a palavra "outro" significa da "mesma natureza"; isto é, Jesus estava dizendo que mandaria outro como Ele, chamado Consolador, o Espírito Santo, que permaneceria na terra com eles.

Dois capítulos adiante, no mesmo Evangelho de João, Ele detalha: "Convém-vos que eu vá, porque, se eu não for, o Consolador não virá para vós outros; se, porém, eu for, eu vo-lo enviarei. Quando Ele vier, convencerá o mundo do pecado, da justiça e do juízo: do pecado, porque não creem em mim; da justiça, porque vou para o Pai, e não me vereis mais; do juízo, porque o príncipe deste mundo já está julgado. Tenho ainda muito que vos dizer, mas vós não o podeis suportar agora; quando vier, porém, o Espírito da verdade, Ele vos guiará a toda a verdade; porque não falará por si mesmo, mas dirá tudo o que tiver ouvido e vos anunciará as coisas que hão de vir. Ele me glorificará, porque há de receber do que é meu e vo-lo há de anunciar" (João 16.7-14).

E Jesus deu a seguinte instrução antes de subir aos céus definitivamente: "Eis que envio sobre vós a promessa de meu Pai; permanecei, pois, na cidade, até que do alto sejais revestidos de poder" (Lucas 24.49).

No primeiro capítulo do Livro de Atos dos Apóstolos, que é uma continuação do Livro de Lucas, encontramos mais alguns detalhes sobre a descida do Espírito Santo: "E, comendo com eles, determinou-lhes que não se ausentassem de Jerusalém, mas que esperassem a promessa do Pai, a qual, disse Ele, de mim ouvistes. Porque João, na verdade, batizou com água, mas vós sereis batizados com o Espírito Santo, não muito depois destes dias (...); mas recebereis poder, ao descer sobre vós o Espírito Santo, e sereis minhas testemunhas tanto em Jerusalém como em toda a Judeia e Samaria e até aos confins da terra. Ditas estas palavras, foi Jesus elevado às alturas, à vista deles, e uma nuvem O encobriu dos seus olhos" (Atos 1.4-9).

Vento impetuoso

A PROMESSA SE CUMPRIU. O que acontece em Atos 2 é impressionante: "Ao cumprir-se o dia de Pentecostes, estavam todos reunidos no mesmo lugar; de repente, veio do céu um som, como de um vento impetuoso, e encheu toda a casa onde estavam assentados. E apareceram, distribuídas entre eles, línguas, como de fogo, e pousou uma sobre cada um deles. Todos ficaram cheios do Espírito Santo e passaram a falar em outras línguas, segundo o Espírito lhes concedia que falassem" (Atos 2.1-4).

Com isso, o Espírito Santo oficialmente passa a habitar na Terra por meio dos cristãos. "Acaso não sabeis que o vosso corpo é santuário do Espírito Santo, que está em vós, o qual tendes da parte de Deus, e que não sois de vós mesmos?" (1 Coríntios 6.19).

É por intermédio do Espírito Santo que se operam os milagres hoje na terra; é por meio Dele que os cristãos conseguem vencer os domínios do pecado e da alma; é Ele quem quebra o coração mais empedernido e convence do pecado, da justiça e do juízo. Sem o Espírito Santo, nunca conseguiríamos entender as coisas espirituais e as profundezas de Deus: "Mas, como está escrito: nem olhos viram, nem ouvidos ouviram, nem jamais penetrou em coração humano o que Deus tem preparado para aqueles que O amam. Mas Deus no-lo revelou pelo Espírito; porque o Espírito a todas as coisas perscruta, até mesmo as profundezas de Deus" (1 Coríntios 2.9-10).

Três em um

DEUS É UM SÓ, mas se relaciona com o homem por meio de três pessoas: Deus Pai, Deus Filho (Jesus) e Deus Espírito Santo. Os três são um, por mais incompreensível que possa ser esse conceito. Como comentamos no início deste livro, não podemos comprovar tudo o que dizemos a respeito de Deus, mas cremos na sua palavra.

Não existe uma hierarquia entre eles, todos são Deus e como tal possuem as mesmas características divinas, como a onipresença, onipotência e onisciência. É importante lembrarmos isso, pois alguns acreditam que o Espírito Santo, ou mesmo Jesus, têm uma posição inferior a Deus.

No entanto, por que Jesus chamava Deus de Pai? Por que dizia que fazia sua vontade? Lembre-se, Jesus veio ao mundo para resgatar nosso relacionamento com Deus. Tudo o que Ele fez foi com esse propósito. Ele deixou claro que temos que orar, conversar com Deus, estar debaixo da cobertura dele. Jesus nos ensinou a ter essa comunhão com Deus Pai, deixou claro, sim, que cumpriria sua vontade e morreria na cruz. Mas nunca disse que não era Deus.

"Respondeu-lhes Jesus: Em verdade, em verdade eu vos digo: antes que Abraão existisse, EU SOU." (João 8.58)

Da mesma forma, o Espírito Santo foi enviado ao homem para ser Deus ao seu lado, depois que Jesus subiu aos céus. É o mesmo Deus. O Espírito Santo não vem em terceiro lugar, não é a medalha de bronze. Ele é Deus e, portanto, os cristãos falam com Ele, oram com Ele, O adoram e buscam ter comunhão diária com Ele.

Um dos maiores exemplos bíblicos de manifestação do que chamamos de Trindade pode ser visto no batismo de Jesus. Naquele momento, os céus se abriram e a glória de Deus se manifestou. Ele disse: "Este é meu Filho amado", e uma pomba branca, representando o Espírito Santo, estava no local. Três em um para marcar o início do ministério de Jesus e o resgate do homem na Terra.

"Batizado Jesus, saiu logo da água, e eis que se Lhe abriram os céus, e viu o Espírito de Deus descendo como pomba, vindo sobre Ele. E eis uma voz dos céus, que dizia: Este é o meu Filho amado, em quem me comprazo." (Mateus 3.16-17)

5

IGREJA É LUGAR
DE PECADORES

"Os sãos não precisam de médico, e sim os doentes; não vim chamar justos, e sim pecadores."

(Marcos 2.17)

O TERMO "SANTO DO PAU OCO" nasceu entre os séculos 18 e 19, quando ouro e pedras preciosas eram muitas vezes contrabandeados entre Brasil e Portugal escondidos no oco das esculturas católicas esculpidas em madeira. "Por fora, a pureza religiosa, por dentro, a pecaminosa contravenção", diz Reinaldo Pimenta (*Casa da Mãe Joana,* Editora

Campus, pág. 205). Um dos inconvenientes da religião é que ela criou os santos do pau oco, ou religiosos – num sentido pejorativo –, pessoas muito preocupadas com a aparência de pureza e santidade, mas cujo discurso está longe da prática. Pregam padrões tão altos de conduta – que elas mesmas não cumprem –, carregam suas pregações de tanta acusação e ameaças que acabam afastando as pessoas de Deus e das igrejas, muitas vezes.

Jesus identificou isso na sua época. Ele disse: "Na cadeira de Moisés se assentaram os escribas e os fariseus. Fazei e guardai, pois, tudo quanto eles vos disserem, porém não os imiteis nas suas obras; porque dizem e não fazem. Atam fardos pesados [e difíceis de carregar] e os põem sobre os ombros dos homens; entretanto, eles mesmos nem com o dedo querem movê-los. Ai de vós, escribas e fariseus, hipócritas, porque fechais o reino dos céus diante dos homens; pois vós não entrais, nem deixais entrar os que estão entrando! Ai de vós, escribas e fariseus, hipócritas, porque rodeais o mar e a terra para fazer um prosélito; e, uma vez feito, o tornais filho do inferno duas vezes mais do que vós!" (Mateus 23.2-4, 13,15).

Os religiosos, no mau sentido, são a antítese de Jesus. Quando Jesus nasceu, os religiosos já existiam e estavam afastando as pessoas de Deus. Eram maus representantes do Deus de Abraão, de Isaque e Jacó. Jesus, por várias vezes, denunciou a atitude dos escribas e fariseus e orientou as pessoas a não seguir o exemplo deles.

Os religiosos – de novo, no mau sentido – são iguais em qualquer época. Dão bola para status, querem ser reconhecidos, querem receber tapinhas nas costas, querem ser chamados de mestres e admirados por tamanha santidade; "fazem suas obras a fim de serem vistos pelos homens". Preocupam-se excessivamente com o que vão dizer ou vão pensar deles. Eles estão nas igrejas, até leem a Bíblia, mas aprendem pouco e se esquecem de que Deus a gente não engana com roupa de domingo e com a Bíblia debaixo do braço.

Por toda essa propaganda religiosa e por desconhecimento e preconceito, muita gente acha que igreja evangélica é lugar dos "certinhos" ou dos "santos do pau oco" e nem se aproximam. As pessoas julgam e formam estereótipos sem conhecer. Alguns pensam se tratar de lugares silenciosos, onde se deve falar baixo, onde não existe espaço para pecadores, bêbados, adúlteros, viciados, ladrões ou quem ainda fuma; que é lugar de pessoas mais elevadas espiritualmente. Não são raras as vezes em que escutamos pessoas dizendo: "Quando eu parar de beber ou quando eu parar de fumar, irei para a igreja". Tolice. As igrejas estão abertas esperando os pecadores. Foi Jesus quem afirmou isto: "E sucedeu que, estando Ele em casa, à mesa, muitos publicanos e pecadores vieram e tomaram lugares com Jesus e seus discípulos. Ora, vendo isto, os fariseus perguntaram aos discípulos: Por que come o vosso Mestre com os publicanos e pecadores? Mas Jesus, ouvindo, disse: Os sãos não precisam de médico, e sim os doentes. Ide, porém, e aprendei o que significa: misericórdia quero, e não holocaustos; pois não vim chamar justos, e sim pecadores [ao arrependimento]" (Mateus 9.10-13).

Cristianismo e as igrejas

A ORIGEM DAS IGREJAS CRISTÃS, nesse modelo de um local de culto público, remonta à época do Velho Testamento. Enquanto o povo de Israel atravessava o deserto em busca da Terra Prometida, Deus ordenou que Moisés construísse o tabernáculo, isto é, uma tenda onde eram colocados objetos sagrados, onde era feita a purificação do povo por meio dos sacrifícios de animais e onde eram entregues ofertas a Deus. Descrevendo assim talvez pareça muito distante da nossa realidade e sem sentido, mas tudo pode adquirir novo significado quando aprendemos que o povo de Israel, no deserto, chamava o tabernáculo de "tenda do encontro"; tenda do encontro de Deus com o homem. "Encontramos no Livro de Êxodo toda uma reflexão sobre a instituição do culto. O conjunto dos capítulos 25 a 31 organiza o culto ordenando a edificação de um santuário móvel, as práticas rituais ligadas a isso e a consagração dos sacerdotes" (*Antigo Testamento – História, Escritura e Teologia,* Edições Loyola, pág. 228). Tudo isso leva a crer que a igreja, ou o lugar de culto coletivo, é uma invenção e um desejo do próprio Deus; então, as igrejas não vão desaparecer.

A palavra "igreja" vem do grego "ekklesia", ou assembleia, reunião. Isto é, igreja é a reunião dos que creem no mesmo Deus. A Bíblia diz que é na união que o Senhor ordena sua bênção: "Oh! Como é bom e agradável viverem unidos os irmãos! É como o orvalho do Hermom, que desce sobre os montes de Sião. Ali, ordena o Senhor a sua bênção e a vida para sempre" (Salmos 133.1,3).

Além disso, Jesus afirmou que as portas do inferno não prevalecem contra a Igreja, aqui em um sentido mais amplo. "Também eu te digo que tu és Pedro, e sobre esta pedra edificarei a minha igreja, e as portas do inferno não prevalecerão contra ela" (Mateus 16.18). A reunião daqueles que creem é importante para Deus e para o homem. Essa é a Igreja com letra maiúscula, a Igreja que é o Corpo de Cristo. Sobre essa Igreja, C.S. Lewis escreveu em seu livro *Cartas de um Diabo a seu Aprendiz*. O demônio Fitafuso diz ao outro demônio, Vermébile: "Hoje em dia, um dos nossos aliados é a própria igreja. Mas não me compreenda mal: eu não estou falando da Igreja que se propaga através do tempo e do espaço, ancorada na Eternidade, terrível como um exército agitando seus estandartes. Isso, devo confessar, é um espetáculo que incomoda até nossos mais audazes tentadores" (pág. 7).

A igreja é o local onde, em primeiro lugar, as pessoas se reúnem para prestar culto a um mesmo Deus. Mas também é um lugar para quem precisa buscar uma palavra e uma direção Dele. É um lugar onde se escuta a pregação do Evangelho e da Bíblia em geral e, por meio disso, aumenta-se a fé. "E, assim, a fé vem pela pregação, e a pregação, pela palavra de Cristo" (Romanos 10.17).

A igrejas cristãs evangélicas, via de regra, estão de portas abertas para todos e não existe discriminação de pessoas. As igrejas querem cumprir o conselho de Jesus: "Ide por todo o mundo, pregai o Evangelho a toda criatura e fazei discípulos" (Marcos 16.15). Discípulo é aquele que permanece seguindo a Cristo e que, em nossos dias, acaba ficando na Igreja também em busca de contato com seus pares e ajuda para seguir em frente.

O papel da Igreja em nossos dias

COM O PASSAR DO TEMPO, para receber bem as pessoas e atendê-las em suas necessidades mais prementes, as igrejas criaram uma série de serviços ou ministérios. A maioria vai para a Igreja em um momento de crise. Chega precisando de aconselhamento, oração, cesta básica, roupas, conselhos matrimoniais, libertação de vícios e até consultoria financeira. Com ministérios ou departamentos organizados, as igrejas podem prestar uma assistência mais eficaz aos que chegam ali.

Ou seja, a Igreja tem um papel social, de formação e até de educação. Mas a ideia não é manter um assistencialismo, e sim ajudar as pessoas a resgatarem sua soberania e autonomia e a viver bem, agora com um relacionamento real com Deus. O objetivo é mostrar o caminho para que possam viver uma vida diferente, transformada, resgatando sua autoestima e capacidade de desenvolvimento e crescimento em todas as áreas. A Igreja tem o papel de resgatar a confiança no futuro, a certeza de que, por meio da fé em Jesus Cristo, tudo é possível.

Só para registrar, mais recentemente – aproximadamente nos últimos dois ou três anos –, ouvimos falar dos "sem-igreja", uma turma que ama a Deus e a Jesus, mas que não quer mais participar de religiões organizadas, nem mesmo de comunidades, que são uma alternativa às grandes igrejas. Não sabemos aonde vai dar. Talvez eles se juntem e formem a Igreja dos Sem-Igreja, afinal a comunhão é ingrediente básico do cristianismo.

O que pode e o que não pode

FORA OS PRECONCEITOS E MAL-ENTENDIDOS, muitos fogem das igrejas em função das longas listas de "não pode", de proibições. Elas existem em algumas e também são chamadas de "usos e costumes" ou "doutrinas". Infelizmente, isso fez com que se cristalizasse nas mentes das pessoas a ideia de que todo "crente" vive inúmeras proibições, privações e uma vida espartana. Vamos e venhamos, Deus não é um estraga-prazeres. Mas, como disse G.K. Chesterton: "Devemos agradecer a Deus pela cerveja e pelo vinho Burgundy evitando beber em excesso".

Pouquíssimas igrejas, atualmente, proíbem televisão em casa, maquiagem ou calça comprida para mulheres. Mas existem. Uma das mais rígidas é a Igreja Pentecostal

Deus É Amor, fundada pelo missionário David Miranda – falecido em fevereiro de 2015. Algumas correntes das Assembleias de Deus exigem que as mulheres usem saia e mantenham o cabelo comprido – mas não todas.

Independentemente dessas diferenças doutrinárias, a maioria das igrejas cristãs evangélicas procura seguir a Bíblia e se baseia na orientação mais geral do apóstolo Paulo para não criar um rebanho tutelado, mas, ao contrário, ensiná-lo a ter autonomia e uma relação com Deus sem hipocrisia. Paulo escreveu: "Todas as coisas me são lícitas, mas nem todas convêm. Todas as coisas me são lícitas, mas eu não me deixarei dominar por nenhuma delas" (1 Coríntios 6.12).

As igrejas neopentecostais, por exemplo – Renascer em Cristo, Mundial, Universal, Internacional da Graça, Sara Nossa Terra, entre outras – não têm usos e costumes. As pessoas se vestem como querem; usam piercing, maquiagem, bermudas, shorts, tênis, as mulheres usam calça, têm TV em casa e assim por diante. Você não vai encontrar uma lista de "não pode" nessas igrejas. Entretanto, existem algumas convenções silenciosas, pactos não escritos e nem tão rígidos sobre alguns assuntos, mas que todos buscam respeitar. Se o assunto é roupa, por exemplo, as mulheres evitam microssaias, transparências, roupas excessivamente sensuais nos cultos e no dia a dia. Nada tem a ver com moralismo, mas com a convicção de que a mulher deve respeitar o próprio corpo. Pode e deve se cuidar, ser feminina e buscar estar sempre bem, mas não precisa apelar; não aquela que tem uma relação com Deus. Os jovens buscam se manter virgens até o casamento, mas, se alguém não consegue, não é por isso expulso das fileiras das igrejas. Já que todos acreditam que o corpo do homem é templo do Espírito Santo, evitam fumar, beber ou desenvolver qualquer vício ou dependência que destrua esse templo.

Nos capítulos 11 e 12, você encontrará mais informações sobre essas igrejas e suas diferenças básicas. O mais importante, no entanto, é que, se quiser frequentar uma igreja, encontre uma com a qual se identifique e que possua um cardápio de serviços ou ministérios que, de fato, possa ajudá-lo na sua caminhada com Deus e no seu dia a dia.

Essa invenção do próprio Deus – a concepção de que devemos viver juntos e ajudar uns aos outros – não é dispensável, não no cristianismo, e envolve uma tarefa árdua: "A Igreja só existe para reabsorver os homens em Cristo, para fazer deles pequenos Cristos (...) e quando formos reabsorvidos muitas outras coisas da natureza começarão a entrar nos eixos. O pesadelo terá terminando e um novo dia nascerá" (*Cristianismo Puro e Simples*, Lewis, págs. 263 e 264).

6

PECAR É ERRAR O ALVO

"Se procederes bem, não é certo que serás aceito? Se, todavia, procederes mal, eis que o pecado jaz à porta; o seu desejo será contra ti, mas a ti cumpre dominá-lo."

(Gênesis 4.7)

A CONCEPÇÃO DE UM DEUS VINGATIVO – e que fica do alto de seu trono nos céus punindo os pecados dos homens com sádica alegria e indiferença – definitivamente foi concebida por alguém que nunca teve um encontro verdadeiro com Ele. Deus é justo e poderoso, sim, mas é essencialmente amor. E um amor incondicional. Ele não deseja nosso mal, pelo contrário, enviou seu Filho ao mundo para morrer em nosso lugar, carregar nossos pecados na cruz e abrir a porta para uma reconciliação eterna com Ele.

O pecado é algo que nos afasta de Deus, que nos distancia dele. Mas isso não quer dizer que Ele nos abandona, pois jamais fará isso.

"Antes de tudo, vos entreguei o que também recebi: que Cristo morreu pelos nossos pecados, segundo as Escrituras." (1 Coríntios 15.3)

"Sabemos que todo aquele que é nascido de Deus não vive em pecado; antes, aquele que nasceu de Deus o guarda, e o Maligno não lhe toca." (1 João 5.18)

Se buscarmos a raiz da palavra "pecado" no hebraico e grego, verificamos que pecar significa errar ou não atingir um alvo. Isso acontece quando algo se desvia daquilo para o que foi concebido, ou do seu propósito. Por isso dizemos que alguém que pecou se desviou do caminho; foi isso que aconteceu com o homem. Criado à imagem e semelhança de Deus, ele foi induzido pelo diabo a duvidar das intenções de Deus ao criá-lo e até mesmo a questionar o amor divino.

Deus concebeu o homem com inteligência e livre-arbítrio – isso significa que ele tem a opção de decidir o que quer fazer. Ele criou alguém com quem deseja manter um relacionamento próximo. Nunca foi a intenção de Deus que o homem fosse um robô, mas sim que fizesse suas escolhas e que estivesse sempre ao seu lado. Deus deseja que o homem escolha estar ao seu lado, por isso nunca irá impor sua vontade, apesar de ter poderes para isso.

A vontade de Deus é que o homem escolha fazer sua vontade, pois Ele sabe o que é melhor. Por isso proibiu Adão de comer do fruto da árvore do bem e do mal no Éden – a questão aí é a escolha, não necessariamente a árvore ou o fruto. Deus sabia que o conhecimento do mal geraria morte e sofrimento entre os homens. O primeiro pecado aconteceu justamente porque o homem decidiu não ouvir a Deus, e sim ao diabo. Ao desobedecer, permitiu que o mal invadisse sua vida e, consequentemente, contaminasse a terra.

O pecado de Adão rompeu o relacionamento de confiança e amor que Deus tinha com o homem. Não há como a Luz de Deus se misturar com as trevas. Criou-se uma barreira espiritual entre eles, algo que não poderia ser superado por nenhum poder, a não ser o de Jesus. Ele veio ao mundo com o propósito de fazer uma ponte, criar um novo caminho para reconciliar o homem e Deus. Como comentamos anteriormente, por meio da sua morte e ressurreição, os pecados dos homens foram carregados na cruz e perdoados. Não há mais separação entre o homem e Deus. Com o restabelecimento desse relacionamento, podemos conversar com o Senhor livremente, entrar em seu altar e fazer nossos pedidos, louvar e, enfim, viver novamente com sua cobertura e amor. Para isso, basta crer.

O pecado, no entanto, não abandonou a terra. A maldade ainda está presente neste mundo e temos notícias dela todos os dias. Os que cremos em Jesus, nós também infelizmente continuamos pecando, pois nossa natureza é corrompida. Temos uma caminhada com Deus, aprendemos com os nossos erros e devemos evitar pecar ao máximo, mas mesmo assim pecamos todos os dias e temos de buscar perdão.

Para recebê-lo, porém, basta confessar o erro, não é necessário que haja intermediários. Jesus restabeleceu nossa conexão direta com o Senhor, um canal para falarmos com Ele. Todos os dias nós erramos, estamos longe da perfeição, algo que verdadeiramente só alcançaremos no céu. Temos de nos arrepender todos os dias, fazer uma autoavaliação verdadeira e buscar o aperfeiçoamento contínuo.

Acreditamos que todos os que creem em Jesus podem ser santos, pois foram purificados pelo sangue Dele. Mesmo assim, precisamos buscar perdão para os nossos pecados diariamente. Jesus estará sempre ao nosso lado, como um advogado, intercedendo por nós, como fez na oração que encontramos em João 17: "Não peço que os tires do mundo, e sim que os guardes do mal. Eles não são do mundo, como também eu não sou. Santifica-os na verdade; a tua palavra é a verdade" (João 17.15-17).

Buscamos ser santos, como Ele é santo

Santidade é uma busca diária e não pode ser da boca para fora. É algo que exige dedicação, que se deve buscar com jejum e oração, e que nos aproxima de Deus, pois Ele é santo. Santidade não é apenas algo que devemos buscar na área sexual, como muitos pensam, mas em todas as áreas da nossa vida.

"... porque está escrito: Sede santos, porque eu sou santo." (1 Pedro 1.16)

Faça uma reflexão: como é seu comportamento? Como você se comporta no dia a dia? Seja em casa, no trabalho, na igreja ou nas redes sociais, ele não pode mudar. Quem é você verdadeiramente? Uma pessoa honesta, que não se deixa corromper pelo ambiente, ou uma pessoa que simplesmente tenta enganar a Deus e a si mesmo com atitudes erradas? Por exemplo: todos no seu trabalho fazem relatórios maquiando resultados para ganhar um bônus maior. Não tem como seu chefe descobrir e você será um verdadeiro "trouxa" se não fizer o mesmo, é o que todos dizem. Qual é sua atitude?

Todo mundo sonega impostos, todo mundo trai, todo mundo pensa no seu benefício pessoal em detrimento dos outros, todo mundo mente para o chefe, todo mundo... Uma grande mulher de Deus que conheço costuma dizer que nosso sobrenome não é "todo mundo". Quem crê verdadeiramente precisa mostrar isso na prática. Estamos no mundo, mas não somos do mundo. Escolhemos fazer o que é certo e sofrer as consequências por isso, mesmo que todos a nossa volta façam o contrário.

As tentações são muitas, mas temos de escolher estar ao lado de Deus todos os dias, como diz a música do cantor Thalles Roberto: "Mas eu escolho Deus, eu escolho ser amigo de Deus, eu escolho Cristo todo dia, já morri pra minha vida e agora eu vivo a vida de Deus!"

Ser santo é não se deixar corromper, é não desejar o mal dos outros, não querer tirar vantagem de tudo. Ser santo é não negociar seus valores, não ter vergonha de assumir quem você é e no que acredita. É desejar ser a cada dia mais como Jesus, que chegou ao ponto de amar quem o odiava, o que é extremamente difícil! Ser santo é reconhecer que erramos muito, que não somos perfeitos, mas que podemos, com a ajuda de Cristo, melhorar e avançar sempre.

Ao morrer e ressuscitar por nós, Jesus nos deu autoridade sobre o pecado. Temos soberania espiritual sobre ele. Isso significa que escolhemos dizer não ao pecado, que escolhemos não fazer aquilo que desagrada o Espírito Santo de Deus, pois temos liberdade em Cristo para isso. Não estamos obedecendo a uma série de regras por imposição ou medo de punição. Ao contrário do que muitos pensam, é extremamente libertador você aprender que pode dizer não! Prisão é viver dependendo de vícios, de manias, de regras da sociedade, de sexo, de dinheiro... Por intermédio de Jesus, temos autoridade sobre tudo que tenta nos dominar.

7

O SOFRIMENTO E A MORTE

"O sofrimento é o mal desmascarado, inequívoco. Todo homem sabe que algo está errado quando está sendo ferido."

(O Problema do Sofrimento – C.S. Lewis – pág. 105)

"Preciosa é aos olhos do Senhor a morte dos seus santos."

(Salmos 116.15)

O CRISTIANISMO ENCARA O SOFRIMENTO E A MORTE como parte da vida na terra. Os mais experimentados na fé poderão dizer que sofrer ou não sofrer não está ligado, em hipótese alguma, a ser mais ou menos amado por Deus; que o sofrimento também não é punição pelos pecados, mas pode ser usado para o aperfeiçoamento e amadurecimento do ser humano. O cristão – salvo propagandas enganosas – não tem exatamente uma vida cor de rosa; a diferença está em como ele enfrenta o dia seguinte ao sofrimento e à morte.

Sobre a morte, o livro de Eclesiastes, escrito por Salomão, diz o seguinte: "Lembra-te do teu Criador nos dias da tua mocidade, antes que venham os maus dias, e cheguem os anos dos quais dirás: Não tenho neles prazer; antes que se escureçam o sol, a lua e as estrelas do esplendor da tua vida, e tornem a vir as nuvens depois do aguaceiro; no dia em que tremerem os guardas da casa, os teus braços, e se curvarem os homens outrora fortes, as tuas pernas, e cessarem os teus moedores da boca, por já serem poucos, e se escurecerem os teus olhos nas janelas; e os teus lábios, quais portas da rua, se fecharem; no dia em que não puderes falar em alta voz, te levantares à voz das aves, e todas as harmonias, filhas da música, te diminuírem; como também quando temeres o que é alto, e te espantares no caminho, e te embranqueceres, como floresce a amendoeira, e o gafanhoto te for um peso, e te perecer o apetite; porque vais à casa eterna, e os pranteadores andem rodeando pela praça; antes que se rompa o fio de prata, e se despedace o copo de ouro, e se quebre o cântaro junto à fonte, e se desfaça a roda junto ao poço, e o pó volte à terra, como o era, e o espírito volte a Deus, que o deu" (Eclesiastes 12.1-7). A morte, então, independentemente da dor que possa causar, ainda é a única maneira de voltar para a casa eterna.

A morte é encarada com tristeza, mas não como o fim de tudo, pois, para o cristão, a vida na terra é apenas uma passagem. Jesus disse: "Não se turbe o vosso coração; credes em Deus, crede também em mim. Na casa de meu Pai há muitas moradas. Se assim não fora, eu vo-lo teria dito. Pois vou preparar-vos lugar. E, quando eu for e vos preparar lugar, voltarei e vos receberei para mim mesmo, para que, onde eu estou, estejais vós também" (João 14.1-3).

A morte não pode causar qualquer dano ao cristão, pois é uma porta para a eternidade. O apóstolo Paulo escreveu: "Porquanto, para mim, o viver é Cristo, e o morrer é lucro. Entretanto, se o viver na carne traz fruto para o meu trabalho, já não sei o que hei de escolher. Ora, de um e outro lado, estou constrangido, tendo o desejo de partir e estar com Cristo, o que é incomparavelmente melhor. Mas, por vossa causa, é mais necessário permanecer na carne" (Filipenses 1.21-24).

"Vi grande beleza de espírito em grandes sofredores" (C.S. Lewis)

EXISTE UM LIVRO BASTANTE CONHECIDO dos cristãos chamado *Não Estou com Raiva de Deus*, de David Wilkerson. Uma das histórias narradas pelo autor chama muito a atenção: "Eu devia dirigir uma série de conferências em um fim de semana em uma cidade pequena, numa igreja dirigida por um jovem pastor. Cheguei à casa pastoral no momento em que uma ambulância ia saindo dali, de sirene aberta. De pé, junto à porta, uma senhora soluçava e torcia as mãos em aflição. Informaram-me que o pastor, sua esposa e uma criancinha haviam seguido para o hospital naquela ambulância. Em menos de uma hora cheguei ao hospital e foi então que vim a saber o que acontecera. Eu e o pastor trocamos algumas palavras e ele me levou a um quarto onde apontou para uma criancinha num balão de oxigênio. 'De quem é essa criança?', perguntei. 'É minha filha, irmão David', disse o pastor. 'Saí de casa correndo porque estava atrasado para um enterro. Não sabia que ela estava brincando embaixo do carro... passei por cima dela.' Aquele ministro em lágrimas, sua esposa sofrendo forte crise de histeria e aquela criancinha inconsciente formavam um quadro que era ao mesmo tempo chocante e desalentador. Nunca em minha vida orei por alguém com tanta diligência, mas uma sombra de medo já envolvera o meu coração. Eu estava questionando a Deus: 'Por quê?' (*Não Estou com Raiva de Deus* – David Wilkerson – Editora Vida – págs. 16 e 17).

Ele conta que aquela experiência lhe trouxe um sentimento de medo; ele passou a ter medo e a desconfiar de Deus. Começou a imaginar o que aquele pastor teria feito para merecer tal castigo. Passou a jurar que faria tudo certo em seu ministério pastoral para que Deus não tocasse em seus filhos. Um terrível sofisma. A religiosidade leva os homens a imaginarem que Deus pode matar uma criança só para se vingar das suas más atitudes.

David Wilkerson, julgando Deus por aquele fato, perdeu a alegria no seu ministério e, no fundo, percebeu que estava com raiva de Deus. Estava amordaçado pelo medo e por mentiras. Certa noite, ele chegou em casa, foi orar e percebeu que estava terrivelmente enganado. Pegou sua filhinha no colo – que já estava dormindo – e começou a orar quando ouviu uma voz lhe dizendo: "Largue-a, renuncie a ela!" Ele a abraçou ainda mais forte e disse: "Nunca. Ela é minha filha e jamais a largarei ou renunciarei a ela". Ele diz que, então, ouviu uma voz suave: "Sim. E você é meu filho. Eu não o largarei nem renunciarei a você. Jamais lhe farei qualquer mal". Era Deus lhe falando. Aquela experiência mudou sua vida, sua relação com Deus e seu ministério.

O Deus dos cristãos não promete livrar do sofrimento. Aliás, Jesus disse que neste mundo teríamos aflições (João 16.33). Mas promete estar com seus filhos em todos os momentos, bons e ruins. A Bíblia está cheia de exemplos: Daniel foi jogado na cova dos leões; Sadraque, Mesaque e Abedenego foram lançados na fornalha ardente; José foi traído pelos irmãos, jogado em um poço, vendido como escravo, acusado de estupro, preso injustamente. Todos começaram mal, mas acabaram bem e escaparam de destinos terríveis. E mais: muitos desses caminhos de sofrimento foram usados pelo Senhor para um propósito maior. Em Gênesis 50.19-21, José resumiu essa teologia: "Não temais; acaso estou eu em lugar de Deus? Vós, na verdade, intentastes o mal contra mim; porém Deus o tornou em bem, para fazer, como vedes agora, que se conserve muita gente em vida. Não temais, pois; eu vos sustentarei a vós outros e a vossos filhos. Assim, os consolou e lhes falou ao coração". Deus é especialista em tornar o mal em bem.

O que queremos dizer é que os cristãos não são poupados a vida toda. Boa parte do sofrimento, como já mencionamos, é fruto de suas próprias escolhas. Outra parte é consequência de um mundo decaído, e outra ainda acontece por um propósito, mas do que o cristão tem certeza é que seu Deus está no controle e não é um torturador. Ele permite alguns acontecimentos, evita outros, mas nós não sabemos qual é o critério na hora da escolha. Não adianta querer entender tudo, explicar tudo. A opção é confiar. Sabemos que tudo tem um propósito. A confiança cega tem sua recompensa. "Os que confiam no Senhor são como o Monte Sião, que não se abala, firme para sempre" (Salmos 125.1).

Quando estudamos a Bíblia com mais dedicação, aprendemos que o sol nasce sobre justos e injustos, que existe tempo debaixo do céu para todas as coisas. "Há tempo de nascer e tempo de morrer; tempo de plantar e tempo de arrancar o que se plantou; tempo de matar e tempo de curar; tempo de derribar e tempo de edificar; tempo de chorar e tempo de rir; tempo de prantear e tempo de saltar de alegria" (Eclesiastes 3.2-4). Isto é, coisas boas e coisas ruins acontecem com todos o tempo todo e não estão ligadas, necessariamente, a recompensa ou castigo. A história de Jó deixa isso claro. Ainda que muita gente tente encontrar falhas em Jó para explicar todo o seu sofrimento, a própria Bíblia diz: "Havia um homem na terra de Uz, cujo nome era Jó; homem íntegro e reto, temente a Deus e que se desviava do mal" (Jó 1.1). Queremos, no tempo da dor, das perdas, do sofrimento, encontrar culpados, mas essa não é a saída oferecida pelo cristianismo. O cerne da questão do sofrimento é permanecer confiando em Deus e em sua Palavra: "Porque sete vezes cairá o justo e se levantará; mas os perversos são derribados pela calamidade" (Provérbios 24.16).

"Eu é que sei que pensamentos tenho a vosso respeito, diz o Senhor; pensamentos de paz e não de mal, para vos dar o fim que desejais." (Jeremias 29.11)

Acreditamos que todos os cristãos sinceros poderão enfrentar uma jornada de dor, dúvidas e questionamentos, como aconteceu com Wilkerson. Mas Deus nunca se escandalizará quando você se espantar e até bradar: "Deus, por que me desamparaste?" Brennan Manning, um homem que escolheu servir a Deus por quase toda a vida e lutou contra o vício do álcool, disse que uma frase de seu amigo Dominique Voillaume, da Fraternidade dos Pequenos Irmãos de Jesus, mudou sua vida: "Tudo bem se você não está bem". Muitos sofrem e se cobram em viver uma vida perfeita após entregarem sinceramente suas vidas a Cristo. Esse é um engano comum entre os cristãos. E muitos se acusam. Deus não espera que sejamos perfeitos, e sim que a gente vá aprendendo a ter reações mais parecidas com as de Cristo.

O cristão pode lançar sobre Deus toda sua ansiedade. Pode chorar, desabafar, questionar. Tudo bem! Deus não se abala com nossa indignação. Ele a compreende e pode retirar todo o peso de sobre nós. No Salmo 22, Davi se mostra angustiado: "Deus meu, Deus meu, por que me desamparaste? (...) Deus meu, clamo de dia, e não me respondes; também de noite, porém não tenho sossego. Contudo, Tu és santo, entronizado entre os louvores de Israel. Nossos pais confiaram em Ti; confiaram, e os livraste. A Ti clamaram e se livraram; confiaram em Ti e não foram confundidos".

Jesus também perguntou da cruz: "Pai, por que me abandonastes?" Alguns sofrimentos são tão intensos que não conseguimos ver Deus. Mas a Bíblia garante que Ele está lá e que, se confiarmos, tudo acabará bem.

"Sabemos que todas as coisas cooperam para o bem daqueles que amam a Deus, daqueles que são chamados segundo o seu propósito." (Romanos 8.28)

No entanto, lembramos sempre que Jesus nos ensina a enfrentar as aflições com bom ânimo, pois Ele já venceu o mundo. Isso quer dizer que todas as dificuldades e lutas, por mais dolorosas que sejam, podem ser superadas quando estamos com Ele. Jesus sempre enfatizou que nossas tribulações são passageiras e que seu desejo é que aprendamos e cresçamos com as lutas, usando nossas experiências para ajudar outras pessoas a seguirem o mesmo caminho.

"Estas coisas vos tenho dito para que tenhais paz em mim. No mundo, passais por aflições; mas tende bom ânimo; eu venci o mundo." (João 16.33)

"Porque a nossa leve e momentânea tribulação produz para nós eterno peso de glória, acima de toda comparação." (2 Coríntios 4.17)

8

ORAÇÃO, NOSSO CANAL DE COMUNICAÇÃO COM DEUS

"Tu, porém, quando orares, entra no teu quarto e, fechada a porta, orarás a teu Pai, que está em secreto; e teu Pai, que vê em secreto, te recompensará."

(Mateus 6.6)

LOGO QUE SE CONVERTEM, muitas pessoas costumam ter dúvidas sobre como devem orar, como devem proceder para falar com Deus. Mas será que existem regras de oração? O que é preciso para que Ele nos ouça e atenda aos nossos pedidos? Em um mundo cheio de regras religiosas, fica difícil mesmo compreender que para falar com Deus basta simplesmente querer e ser sincero.

A oração é nosso principal canal de comunicação com o Senhor. Orar é abrir o coração, conversar mesmo com Deus. Não é necessário escolher as palavras "certas", ou dizer aquilo que você não está sentindo, ou repetir várias vezes a mesma coisa, como um mantra ou uma reza de palavras decoradas... Na verdade, não existem regras. Ele sabe o que se passa em nossos corações e quer apenas nossa sinceridade. Essa é a oração que toca o coração de Deus.

"Sonda-me, ó Deus, e conhece o meu coração, prova-me e conhece os meus pensamentos. Vê se há em mim algum caminho mau e guia-me pelo caminho eterno." (Salmos 139.23-24)

O próprio Jesus nos deu a "receita": "Tu, porém, quando orares, entra no teu quarto e, fechada a porta, orarás a teu Pai, que está em secreto; e teu Pai, que vê em secreto, te recompensará. (...) Portanto, vós orareis assim: Pai nosso, que estás nos céus, santificado seja o teu nome; venha o teu reino; faça-se a tua vontade, assim na terra como no céu; o pão nosso de cada dia dá-nos hoje; e perdoa-nos as nossas dívidas, assim como nós temos perdoado aos nossos devedores; e não nos deixes cair em tentação; mas livra-nos do mal [pois teu é o reino, o poder e a glória para sempre]" (Mateus 6.6-13).

Se Deus já sabe o que se passa em nossos corações, porque temos que orar? Qual o sentido disso? Ele já não sabe o que vamos dizer ou pedir? Sim, Ele sabe de todas as coisas, mas essa conversa é necessária para que seja estabelecido o relacionamento. Só podemos nos relacionar intimamente com alguém com quem conversamos e conhecemos de verdade. Você não conversa com seus amigos mais próximos? Com seus familiares? Você não desabafa e abre seu coração para essas pessoas? Mesmo que não o faça, não gostaria de ter alguém que ouvisse tudo o que você tem a dizer? Pois então, Ele ouve. Ele quer ouvir e ajudar.

Se o propósito de Deus é estabelecer um relacionamento verdadeiro conosco, temos de buscar essa intimidade todos os dias. Como você pode ter um relacionamento verdadeiro com alguém com quem não conversa? Pense num amigo próximo... Provavelmente você desabafa com ele, conta como foi seu dia, fala dos seus problemas e dúvidas e pede conselhos. Experimente fazer isso com Jesus. É muito bom saber que Ele é um amigo presente em todas as horas. E, diferentemente dos amigos que temos no mundo, que obviamente têm defeitos e nem sempre estão disponíveis para nos ouvir, Jesus nunca estará cansado ou sem paciência para ouvir. Se existe alguma regra para a oração eficiente, é esta: seja sincero. Peça perdão e não finja algum sentimento que você não tem. Lembre-se sempre de que Ele sabe o que você está sentindo, o que se passa no seu coração. Diga a verdade, mesmo que ela seja muito difícil de admitir. Não consegue perdoar aquela pessoa que o magoou? Confesse isso e peça ajuda. Nossa oração não pode ser hipócrita. Quando abrimos o coração com sinceridade, abrimos a porta para a cura dos nossos sentimentos.

Entre os grandes exemplos de homens que Deus nos dá na Bíblia, Davi é, sem dúvida, um dos mais fascinantes. Ele era apenas um pastor de ovelhas e se transformou em um grande guerreiro e no rei mais importante que Israel já teve em toda a sua história. Mas Davi errou muito também. Adulterou e mandou matar o marido da amante. No entanto, seu coração era sincero e ele buscou o verdadeiro arrependimento. Isso fica claro no Salmo 51, quando ele se abre sinceramente e pede que Deus restaure sua alegria de viver... Este salmo é uma maravilhosa oração!

"Cria em mim, ó Deus, um coração puro e renova dentro de mim um espírito inabalável. Não me repulses da Tua presença, nem me retires o Teu Santo Espírito. Restitui-me a alegria da

Tua salvação e sustenta-me com um espírito voluntário." (Salmos 51.10-12)

Talvez você não seja um salmista, um poeta como Davi, mas isso não tem a menor importância. Para tocar o coração de Deus, basta que você seja sincero!

Como comentamos nos capítulos anteriores, o comportamento hipócrita foi uma das coisas que Jesus mais denunciou. Entre outras coisas, Ele se incomodava especialmente quando os fariseus oravam no templo com belas palavras e em voz alta na frente de todos. Jesus sabia que seus corações estavam endurecidos e que aquilo tudo era apenas para manter as aparências, da boca para fora. O Senhor os chamou de raça de víboras, sepulcros caiados, que são brancos por fora, mas podres por dentro.

"Ai de vós, escribas e fariseus, hipócritas, porque sois semelhantes aos sepulcros caiados, que, por fora, se mostram belos, mas interiormente estão cheios de ossos de mortos e de toda imundícia! Assim também vós exteriormente pareceis justos aos homens, mas, por dentro, estais cheios de hipocrisia e de iniquidade." (Mateus 23.27-28)

"Raça de víboras, como podeis falar coisas boas, sendo maus? Porque a boca fala do que está cheio o coração." (Mateus 12.34)

Louvor e agradecimento

EXISTEM MOMENTOS EM QUE ESTAMOS TÃO TRISTES e sozinhos que até a oração fica difícil. Ficamos sem saber o que dizer, tão grandes são a dor e o sofrimento; é como se algo fechasse a garganta, impedindo a oração. Mas é preciso orar. É por meio desse canal que conseguimos liberar as bênçãos em nossas vidas, trazer a cura que buscamos, o alívio para a dor. Calar a nossa boca é uma das maiores armas do diabo.

Nessas horas, o louvor é a melhor das orações. Não existe maneira melhor de começar a orar e de tocar o coração de Deus. Comece a ouvir e a cantar um louvor, e sua boca certamente se abrirá em oração. As experiências que podemos ter com Deus durante um louvor podem ser transformadoras!

Procure orar também para agradecer a Deus, e não apenas pedir. Não fale com Jesus apenas para desabafar, experimente começar agradecendo. Se parar para analisar sua vida, com certeza vai descobrir que tem muito a agradecer. Temos o péssimo hábito de reclamar e reclamar, de cobrar o que não temos, de olhar quem está ao nosso lado e que supostamente tem mais do que nós. E não olhamos para aquilo que temos, as bênçãos que recebemos.

Faça uma avaliação pessoal e certamente encontrará motivos para agradecer. Se não encontrar absolutamente nada, o que provavelmente não é verdade, agradeça simplesmente por sua vida e pela salvação. Jesus morreu por você naquela cruz. Há mais de 2 mil anos, quando Ele estava agonizando naquele local, Ele já o conhecia. Pense nisso... Ele já sabia seu nome, como você seria, quais lutas teria de enfrentar ao longo de sua caminhada. Jesus morreu para lhe dar o direito de estar com Ele no futuro, para ter uma vida abundante e feliz eternamente. Se você acredita nisso, se tem em seu coração a certeza dessa salvação, viverá para sempre. Vida eterna é algo que vale muitos e muitos agradecimentos, e geralmente não nos lembramos disso!

Não deixe de se comunicar com Deus, é muito mais fácil do que parece. Além de restabelecer esse relacionamento com Ele, a oração é uma espécie de combustível no mundo espiritual. É por meio dela, e do nome de Jesus, que Ele nos dá poder nesta terra para realizar todas as coisas.

Quando oramos, o Senhor dá ordens aos seus anjos, que acampam ao nosso redor e nos livram de todo o mal.

"Porque aos seus anjos dará ordens a teu respeito, para que te guardem em todos os teus caminhos." (Salmos 91.11)

No momento em que declaramos sua Palavra, "ligamos" na terra os acontecimentos. Sim, Jesus nos deu autoridade para isso! Comece a exercê-la!

"Dar-te-ei as chaves do reino dos céus; o que ligares na terra terá sido ligado nos céus; e o que desligares na terra terá sido desligado nos céus." (Mateus 16.19)

Também é importante quando oramos em concordância com outra pessoa, ou seja, quando oramos juntos por um objetivo ou propósito.

"Porque, onde estiverem dois ou três reunidos em meu nome, ali estou no meio deles." (Mateus 18.20)

A oração é nossa maior arma. Não abra mão dela.

9

DEUS PRECISA DE DINHEIRO?

"Trazei todos os dízimos à casa do Tesouro, para que haja mantimento na minha casa; e provai-me nisto, diz o Senhor dos Exércitos, se eu não vos abrir as janelas do céu e não derramar sobre vós bênção sem medida."

(Malaquias 3.10)

POUCOS VERSÍCULOS DA BÍBLIA SÃO TÃO INCÔMODOS quanto esse que mencionamos acima. Colocar "Deus" e "dinheiro" na mesma frase parece algo incompatível. Entretanto, grande parte das igrejas que têm a Bíblia como base de sua fé falarão de dízimos e ofertas, valores que devem ser entregues a Deus.

Mas vamos tentar entender de onde vem essa história de dar dinheiro na igreja.

A primeira vez que a palavra "dízimo" aparece na Bíblia está em Gênesis 14.18-20: "Melquisedeque, rei de Salém, trouxe pão e vinho; era sacerdote do Deus Altíssimo; abençoou ele a Abraão e disse: Bendito seja Abraão pelo Deus Altíssimo, que possui os céus e a terra; e bendito seja o Deus Altíssimo, que entregou os teus adversários nas tuas mãos. E de tudo lhe deu Abraão o dízimo".

Antes disso, porém, encontramos Caim e Abel entregando ofertas a Deus: "Aconteceu que no fim de uns tempos trouxe Caim do fruto da terra uma oferta ao Senhor. Abel, por sua vez, trouxe das primícias do seu rebanho e da gordura deste. Agradou-se o Senhor de Abel e de sua oferta" (Gênesis 4.3-4).

Os irmãos que acabam protagonizando o primeiro assassinato da Bíblia, assim que começaram a trabalhar e conseguiram obter fruto do seu trabalho, quiseram entregar algo a Deus como forma de agradecimento. Com certeza, foram ensinados por seus pais, Adão e Eva, que anos antes viviam no Jardim do Éden e falavam com Deus face a face. Caim tirou uma porção do que já havia colhido, mas Abel trouxe das primícias, isto é, ele deu prioridade a Deus entregando antes. E como entregaram? Queimando o produto ofertado (holocausto).

Abraão parece ter sido o primeiro a compreender e iniciar a entrega dos dízimos, isto é, a décima parte do fruto do seu trabalho. Em Gênesis 14.20, ele entrega o dízimo a Melquisedeque, sacerdote do Deus Altíssimo, sem que isso lhe tivesse sido pedido. Seu desejo era consagrar tudo o que tinha a Deus. Aparentemente, ele entendeu que 10% representaria o todo; consagrando 10% estaria consagrando tudo. E consagrar é tornar sagrado, oferecer a Deus, colocar debaixo da sua proteção e autoridade. E por que imaginamos que Abraão sabia disso? Bem, o historiador Flávio Josefo garante que Abraão foi quem levou a aritmética e a astronomia para o Egito. Se conhecia aritmética, entendia de porcentagem.

O profeta Malaquias, cerca de mil anos mais tarde, reforçou que o dízimo é uma consagração a Deus de tal modo séria e eficaz que é capaz de abrir as janelas do céu ao mesmo tempo que repreende o devorador, um demônio que pode roubar o suprimento do homem. Ele deixa claro que o dízimo e as ofertas têm um propósito e um destino certo: trazer suprimento material para a casa de Deus. E que não pertence aos homens, mas a Deus. "Roubará o homem a Deus? Todavia, vós me roubais e dizeis: Em que te roubamos? Nos dízimos e nas ofertas. Com maldição sois amaldiçoados, porque a mim me roubais, vós, a nação toda. Trazei todos os dízimos à casa do Tesouro, para que haja mantimento na minha casa; e provai-me nisto, diz o Senhor dos Exércitos, se eu não vos abrir as janelas do céu e não derramar sobre vós bênção sem medida. Por vossa causa, repreenderei o devorador, para que não vos consuma o fruto da terra; a vossa vide no campo não será estéril, diz o Senhor dos Exércitos. Todas as nações vos chamarão felizes, porque vós sereis uma terra deleitosa, diz o Senhor dos Exércitos" (Malaquias 3.8-12).

Nesse trecho, Deus diz: "Provai-me nisto...". As pessoas provam e depois voltam para contar que, de fato, as janelas dos céus se abriram. São milhares de testemunhos de pessoas que se converteram, passam a consagrar sua vida financeira a Deus e vivem uma mudança positiva nessa área. Quem já teve essa experiência não se importa com as críticas ou julgamentos.

Outro desdobramento dos dízimos e das ofertas do ponto de vista espiritual é que libertam o homem do poder do dinheiro. "Ninguém pode servir a dois senhores; porque ou há de aborrecer-se de um e amar ao outro ou se devotará a um e desprezará ao outro. Não podeis servir a Deus e às riquezas" (Lucas 16.13). O apóstolo Paulo, na sua carta ao jovem Timóteo alerta: "Porque o amor do dinheiro é raiz de todos os males; e alguns, nessa cobiça, se desviaram da fé e a si mesmos se atormentaram com muitas dores" (1 Timóteo 6.10).

Bem, o fato é que os cristãos entregam dízimos e ofertas em suas igrejas e por isso são, muitas vezes, criticados. As pessoas dizem: "E aí? Continua dando dinheiro pro pastor?" Esta é a questão: o cristão que segue a Bíblia não entrega seu dízimo para o pastor, mas para Deus e com alegria. "Cada um contribua segundo tiver proposto no coração, não com tristeza ou por necessidade; porque Deus ama a quem dá com alegria" (2 Coríntios 9.7). Por mais que existam problemas e até escândalos envolvendo igrejas em relação ao mau uso do dinheiro entregue por seus membros, o dízimo é um pacto entre o crente e seu Deus. Toda e qualquer atitude leviana dos homens que administram esses valores é um problema deles, que prestarão contas a Deus. "Não vos enganeis: de Deus não se zomba; pois aquilo que o homem semear, isso também ceifará" (Gálatas 6.7).

Assim, todo cristão que se converte e vai para uma igreja evangélica ouvirá falar sobre dízimo. Não é uma relação de troca ou barganha com Deus e ninguém é obrigado a dar um centavo sequer nas igrejas, mas trata-se de um princípio espiritual. E quem já entregou a vida toda não tem motivos para não entregar suas finanças, seu "bolso" a Deus.

10
BATALHA ESPIRITUAL: QUEM É QUEM NESTE MUNDO TENEBROSO

"Revesti-vos de toda a armadura de Deus,
para poderdes ficar firmes contra as ciladas do diabo;
porque a nossa luta não é contra o sangue e a carne,
e sim contra os principados e potestades, contra os
dominadores deste mundo tenebroso, contra as
forças espirituais do mal, nas regiões celestes."

(Efésios 6.11-12)

VIVEMOS EM UM MUNDO CERCADO POR INFLUÊNCIAS ESPIRITUAIS. Não de espíritos de pessoas que já morreram, pois acreditamos que existe apenas uma vida e depois apenas a morte e a ressurreição – para uma vida eterna com Deus, para quem crê em Jesus, e para uma separação também eterna dele para os que não acreditam. Também cremos que não há comunicação entre vivos e mortos.

Mas, de fato, os cristãos acreditam que existem espíritos bons e ruins, que na verdade são anjos e demônios. Os anjos são seres espirituais, criados por Deus. São, portanto, criaturas de Deus. A Palavra não diz que os anjos foram criados à imagem e semelhança de Deus, como os homens. Por se tratar de seres espirituais, não possuem corpo físico.

Deus criou todos os anjos no mesmo nível de justiça, bondade e santidade, mas alguns pecaram – e isso trouxe o juízo de Deus sobre eles. Um dos anjos criados por Deus foi Lúcifer, que pertencia à ordem dos querubins. Veja o que o profeta Ezequiel fala sobre ele:

"Tu eras querubim da guarda ungido, e te estabeleci; permanecias no monte santo de Deus, no brilho das pedras andavas." *(Ezequiel 28.14)*

O orgulho e a inveja, no entanto, entraram em seu coração e fizeram com que ele desejasse ser maior do que Deus.

"Tu dizias no teu coração: Eu subirei ao céu; acima das estrelas

de Deus exaltarei o meu trono e no monte da congregação me assentarei, nas extremidades do Norte; subirei acima das mais altas nuvens e serei semelhante ao Altíssimo." (Isaías 14.13-14)

Se ele foi criado por Deus, como seria isso possível? Como ele poderia ser maior, mais poderoso ou mesmo estar no mesmo nível de autoridade do Senhor? Mas Lúcifer se rebelou contra Deus, arrastando com ele um terço dos anjos. Esses anjos perderam sua posição original e foram expulsos da presença de Deus. Lúcifer também foi expulso e passou a ser conhecido como Satanás, nome que vem do hebraico e significa adversário, inimigo. É ele quem comanda seus demônios na terra, com um único objetivo final: destruir e arrastar com ele para o inferno aquilo que Deus mais ama, o homem.

"Houve peleja no céu. Miguel e os seus anjos pelejaram contra o dragão. Também pelejaram o dragão e seus anjos; todavia, não prevaleceram; nem mais se achou no céu o lugar deles. E foi expulso o grande dragão, a antiga serpente, que se chama diabo e Satanás, o sedutor de todo o mundo, sim, foi atirado para a terra, e, com ele, os seus anjos." (Apocalipse 12.7-9)

Satanás e seus espíritos demoníacos, no entanto, têm seus dias contados. Seu futuro já foi determinado por Deus, pois serão lançados eternamente no inferno.

"Ora, se Deus não poupou anjos quando pecaram, antes, precipitando-os no inferno, os entregou a abismos de trevas, reservando-os para juízo." (2 Pe2:4)

Até lá, no entanto, esses espíritos malignos buscam atormentar o homem e afastá-lo de Deus. Eles estimulam sentimentos malignos que levam os seres humanos a roubar, matar, mentir, odiar e até mesmo desejar a própria morte. Muitos desses espíritos oprimem as pessoas, tornando-as prisioneiras espiritualmente falando.

"O ladrão vem somente para roubar, matar e destruir; eu vim para que tenham vida e a tenham em abundância." (João 10.10)

"... Ai da terra e do mar, pois o Diabo desceu até vós, cheio de grande cólera, sabendo que pouco tempo lhe resta." (Apocalipse 12.13)

Alguns demônios podem vir mesmo a incorporar-se em algumas pessoas – são esses casos que chamamos de possessão demoníaca. Nessas situações, a pessoa geralmente perde a consciência e passa a atuar sob o comando daquela entidade demoníaca. Cremos, no entanto, que, pelo poder e no nome de Jesus Cristo, todo espírito demoníaco pode ser expulso. Jesus nos mostrou vários casos como esse no período em que esteve entre nós como homem (exemplo: Marcos 5.1-14). Também acreditamos que aqueles que verdadeiramente creem que Jesus Cristo é seu Senhor e Salvador não correm o risco de ser possessos de espíritos demoníacos. Jesus habita naqueles que acreditam nele, pois a Palavra diz que somos o templo do Espírito Santo (1 Coríntios 3.16) – e onde Jesus habita, Satanás e seus demônios não podem entrar.

Em toda a Palavra de Deus encontramos referências ao diabo, principalmente nos Evangelhos, em oposição ao ministério de Jesus Cristo, e no Apocalipse, onde está relatada a vitória final de Jesus sobre Satanás e seus demônios. Não podemos subestimar o diabo e seus anjos, mas não devemos temê-los.

Jesus também nos deu poder sobre eles, nos dando autoridade para expulsá-los e repreendê-los em nome dele. É isso que chamamos de batalha espiritual. Jesus já venceu Satanás na cruz, Ele não precisa mais lutar. A grande vitória do diabo teria sido matar Jesus, mas Ele ressuscitou e venceu a morte. Não há nada que o diabo possa fazer para anular isso, ele tem que ceder à autoridade daqueles que estão cobertos com o sangue de Jesus. No entanto, nós temos que tomar posse dessa autoridade para enfrentá-lo e vencê-lo em nossa vida, em todas as áreas.

Veja também um exemplo disso na vida do apóstolo Paulo:

"Isto se repetia por muitos dias. Então, Paulo, já indignado, voltando-se, disse ao espírito: Em nome de Jesus Cristo, eu te mando: retira-te dela. E ele, na mesma hora, saiu." (Atos 16.18)

Se crermos verdadeiramente que Jesus é o filho de Deus, morreu e ressuscitou por nós, não temos que temer Satanás e seus anjos. Temos apenas de resistir, não dando espaço em nossas vidas para sua atuação.

"Sujeitai-vos, portanto, a Deus; mas resisti ao diabo, e ele fugirá de vós." (Tiago 4.7)

Nessa batalha, Deus nos deu algumas armas eficientes, que podemos usar no nosso dia a dia. Entre elas, estão o jejum e a oração, que nos habilitam a enfrentar os espíritos malignos com autoridade. Temos também que estar em santidade, pedir perdão dos nossos pecados, caso contrário o diabo poderá usar isso contra nós.

11

AS ORIGENS DO CRISTIANISMO PROTESTANTE NO BRASIL

DESDE OS PRIMEIROS ANOS APÓS O DESCOBRIMENTO DO BRASIL, já é possível encontrar alguns registros de protestantes que desembarcaram nesta terra. Segundo dados históricos, o primeiro protestante chegou aqui em 1532. Era um luterano chamado Heliodoro Heoboano, filho de um amigo de Lutero. Alguns anos depois, calvinistas realizariam o primeiro culto protestante no país.

Muitos séculos se seguiriam, no entanto, até que o movimento começasse a se consolidar e crescer no país. Pela predominância católica, muitos foram impedidos de professar sua fé. Em 1558, por exemplo, três calvinistas foram executados, ficando conhecidos como os primeiros mártires evangélicos do Brasil.

As denominações propriamente ditas só começaram a se estabelecer no país, no entanto, muito tempo depois, a partir do século 19, com a chegada das Igrejas Anglicana, Luterana, Presbiteriana, Batista, Metodista e Adventista, principalmente. Essas denominações, que existem no Brasil até hoje, são consideradas "Evangélicas de Missão", ou mais popularmente conhecidas como "tradicionais".

Crescimento acelerado

Mesmo diante de grande perseguição, que atingiu muitos missionários e evangelistas estrangeiros e brasileiros, o crescimento do movimento evangélico no país foi bem grande ao longo do século 20 e neste início de século 21.

Segundo estimativas recentes do Instituto Brasileiro de Geografia e Estatística (IBGE), o segmento cristão protestante apresentou um aumento de 61% no número de seguidores entre os anos de 2000 e 2010. Com isso, ainda de acordo com o instituto, o protestantismo já é o segundo maior grupo religioso do Brasil, depois do catolicismo. O segmento reúne 42,3 milhões de fiéis em todo o território nacional, o que representa mais de 20% da população brasileira.

Entre as maiores denominações protestantes do país estão: batistas (3,7 milhões), presbiterianos (921 mil), adventistas (1,5 milhão), luteranos (1 milhão) e metodistas (340 mil). Entre os evangélicos (ou pentecostais e neo-pentecostais), os grupos com maior número de seguidores são a Assembleia de Deus (12,3 milhões), a Congregação Cristã no Brasil (2,3 milhões), a Igreja Universal do Reino de Deus (1,9 milhão) e a Igreja do Evangelho Quadrangular (1,8 milhão).

Veja a seguir um pouco da história de algumas denominações tradicionais no país:

1. Igreja Anglicana no Brasil

Também conhecida como Igreja da Inglaterra, a Igreja Anglicana ou Anglicanismo é uma denominação cristã estabelecida oficialmente na Inglaterra. A Igreja teve origem no século 16, durante o reinado de Henrique VIII, que rompeu relações com o Vaticano e iniciou uma nova ordem. A Igreja Anglicana mistura em seu culto e prática elementos católicos e protestantes. Ela aboliu o celibato obrigatório, o culto a Maria e aos santos.

Fora da Inglaterra, a Igreja Anglicana é geralmente denominada de Igreja Episcopal, principalmente nos Estados Unidos da América e países da América Latina.

No Brasil, a Igreja se estabeleceu a partir de 1860. Naquele ano, dois missionários americanos, Lucien Lee Kinsolving e James Watson Morris, organizaram a primeira missão em Porto Alegre. No ano seguinte, chegaram os missionários William Cabell Brown e John Gaw Meem e a professora Mary Packard. Esses cinco missionários podem ser considerados os fundadores da Igreja Episcopal Anglicana do Brasil (Ieab) em solo brasileiro. Em seguida, estabeleceram missões em Santa Rita do Rio dos Sinos (hoje Nova Santa Rita), Rio Grande e Pelotas, todas no Rio Grande do Sul. Essas três cidades e a capital do Estado logo se transformaram em importantes pontos estratégicos e centros irradiadores da expansão e do desenvolvimento da nascente Igreja.

Hoje, a Ieab tem templos, missões e instituições educacionais e assistenciais em mais de 150 diferentes localidades do país, boa parte localizada no Sul do Brasil. Ao longo de sua já centenária história, a Igreja acumulou no Brasil uma relação de mais de 100 mil membros batizados e 45 mil confirmados (segundo dados da própria denominação). **www.ieab.org.br/site**

2. Igreja Luterana no Brasil

A determinação do monge alemão Martinho Lutero em reformar a Igreja Católica da sua época foi o estopim da Reforma Protestante. A partir da publicação de suas 95 teses, em 1517, que contestavam práticas católicas da época como a venda de indulgências (uma espécie de "carta" papal que tinha o poder de perdoar os pecados), o mundo cristão nunca mais foi o mesmo.

No Brasil, a primeira comunidade luterana foi a de Nova Friburgo, no Rio de Janeiro, organizada em 1824. O movimento se espalhou por algumas regiões do país, principalmente a Região Sul, graças à forte imigração alemã.

Dessas comunidades luteranas iniciais surgiram vários movimentos que foram se unindo até se transformar, principalmente, em duas denominações: a Igreja Evangélica de Confissão Luterana no Brasil (IECLB) e a Igreja Evangélica Luterana do Brasil (Ielb). Os luteranos somam quase 1 milhão de pessoas no país (dados do Censo 2010 do IBGE).

Um dos destaques da atuação dos luteranos brasileiros está na área educacional. A Igreja, que atua na área acadêmica há 41 anos, iniciou o trabalho com um centro educacional de ensino fundamental e posteriormente fundou a Universidade Luterana do Brasil (Ulbra), mantida pela Comunidade Evangélica Luterana São Paulo (Celsp). Atualmente a Ulbra está instalada em mais de 85 cidades distribuídas em 21 Estados do Brasil.

www.ielb.org.br
www.luteranos.com.br

3. Igreja Presbiteriana

Os presbiterianos estão entre as denominações mais tradicionais que existem, sendo um dos primeiros grupos de origem protestante no mundo. Essa corrente se originou com os reformadores que começaram a atuar logo depois de Martinho Lutero, como o francês João Calvino (1509-1564). Na Europa, essas Igrejas foram chamadas em um primeiro momento de "reformadas". No total, os presbiterianos reúnem 921 mil pessoas em todo o Brasil (Censo 2010 do IBGE).

Entre as principais denominações presbiterianas no país estão a Igreja Presbiteriana do Brasil e a Igreja Presbiteriana Independente do Brasil. A segunda foi fundada em

31 de julho de 1903 por um grupo de sete pastores lidera-
dos pelo reverendo Eduardo Carlos Pereira de Magalhães
(1856-1923).

Já a Igreja Presbiteriana do Brasil foi instituída em 1859
por um missionário norte-americano chamado Ashbel
Green Simonton, que chegou ao Rio de Janeiro no dia 12
de agosto de 1859. Tem membros distribuídos em mais
de 10 mil igrejas locais e congregações em todo o Brasil,
segundo dados da denominação.

Os presbiterianos investiram muito em educação, com
diversas escolas de ensino médio e fundamental espalhadas
pelo país. No ensino superior, destaca-se a Universidade
Presbiteriana Mackenzie, fundada em 1952, em São Paulo.
www.ipb.org.br e **www.ipib.org**

4. Igreja Batista

A Igreja Batista também se originou no início do século
17, tendo como ponto forte a defesa do batismo por imersão – mergulho nas águas –, como uma forma de expor
publicamente que a pessoa aceitou que Jesus Cristo é seu
Senhor. O batismo representa o "nascer de novo" do cristão e deve acontecer com pessoas adultas, e não crianças, e
por decisão própria. O movimento batista surgiu em uma

colônia inglesa na Holanda, num tempo de reforma religiosa intensa.

Em 1871, batistas emigrados dos Estados Unidos organizaram a primeira Igreja Batista do Brasil, em Santa Bárbara d'Oeste, no Estado de São Paulo. Anos mais tarde, em 1879, outro grupo de emigrados faz surgir a segunda Igreja Batista em solo brasileiro em Santa Bárbara d'Oeste, no bairro da Estação, onde atualmente se localiza a cidade de Americana.

A maior associação batista é a Convenção Batista do Sul dos Estados Unidos, mas há muitas outras associações de batistas no mundo. No Brasil, as maiores são a Convenção Batista Brasileira e a Convenção Batista Nacional.

A Igreja Batista tem grande tradição na área educacional, principalmente no ensino médio e fundamental. No Brasil, os batistas já chegam a 3,7 milhões de pessoas, segundo o Censo 2010 do IBGE.

www.batistas.com

5. Igreja Metodista

De origem inglesa, o metodismo busca a relação pessoal entre o indivíduo e Deus. Foi organizado pelo reverendo inglês John Wesley, que enfatizou o estudo metódico da Bíblia. Iniciou-se com a adesão de pessoas oriundas da

Igreja Anglicana, Presbiteriana e também da Igreja Episcopal Americana.

Várias famílias que foram para a América do Norte, nas 13 colônias, levaram as práticas do metodismo. Logo foi criada a Igreja Metodista Episcopal, em 1784. Somente após a morte de John Wesley é que a Inglaterra constituiu o metodismo como denominação independente em relação à Igreja Anglicana.

No Brasil, o movimento chegou também de forma missionária, espalhando-se por diversas regiões do país. A Igreja Metodista só se tornou independente da Igreja Americana em 2 de setembro de 1930, em São Paulo, na Igreja Metodista Central de São Paulo. Hoje, conta com 340 mil membros (Censo 2010 do IBGE).

Também atua na área educacional, principalmente com a Universidade Metodista de São Paulo, fundada em 1970.

www.metodista.org.br
portal.metodista.br

6. Igreja Adventista do Sétimo Dia

A denominação se diferencia das outras pela observância do sábado como dia sagrado, assim como acreditam os judeus. Também enfatiza a crença na segunda vinda de

Jesus Cristo. Os adventistas surgiram entre o fim do século 18 e a primeira metade do século 19, no nordeste dos Estados Unidos.

No Brasil, o movimento chegou em 1884 por meio de publicações que vieram pelo Porto de Itajaí com destino à cidade de Brusque, no interior de Santa Catarina. Em maio de 1893, chegou ao país um missionário adventista, Alberto B. Stauffer, que iniciou formalmente os primeiros contatos com a população.

A primeira Igreja Adventista do Sétimo Dia em solo nacional foi estabelecida na região de Gaspar Alto, em Santa Catarina, em 1895, seguida por congregações no Rio de Janeiro e em Santa Maria de Jetibá, no Espírito Santo, todas no mesmo ano. Segundo o Censo de 2010, conta 1,5 milhão de membros no país.

A Igreja realiza um forte trabalho educacional, com universidades e escolas. O destaque é a Universidade Adventista de São Paulo (Unasp).

www.adventistas.org/pt/institucional
www.unasp.edu.br

12
PENTECOSTAIS E NEOPENTECOSTAIS. QUEM SÃO?

AS IGREJAS PENTECOSTAIS E NEOPENTECOSTAIS acreditam que o batismo no Espírito Santo, relatado em Atos 2 quando o Espírito Santo desceu sobre todos, é algo que pode acontecer ainda nos dias de hoje. Segundo o conceito, esse batismo vem sobre todos que buscam ter uma experiência profunda com Deus em sua caminhada espiritual, e geralmente é acompanhado por "línguas estranhas".

O termo "pentecostal" vem da palavra Pentecostes, originalmente a festa da colheita comemorada pelos judeus. Foi nesse período, como está narrado em Atos (capítulo 2, versículos 1 a 13), que o Espírito Santo, na forma de "línguas de fogo", veio sobre os discípulos e demais pessoas que ouviam a pregação do apóstolo Pedro. Ele ministrava o cumprimento das palavras ditas séculos antes pelo profeta Joel: "E acontecerá, depois, que derramarei o meu Espírito sobre toda a carne; vossos filhos e vossas filhas profetizarão, vossos velhos sonharão, e vossos jovens terão visões; até sobre os servos e sobre as servas derramarei o meu Espírito naqueles dias. Mostrarei prodígios no céu e na terra: sangue, fogo e colunas de fumaça. O sol se converterá em trevas, e a lua, em sangue, antes que venha o grande e terrível Dia do Senhor. E acontecerá que todo aquele que invocar o nome do Senhor será salvo; porque, no Monte Sião e em Jerusalém, estarão os que forem salvos, como o Senhor prometeu; e, entre os sobreviventes, aqueles que o Senhor chamar" (Joel 2.28-32).

Basicamente, os pentecostais acreditam que:

- Jesus é o único caminho para a salvação (João 3.16);
- O batismo no Espírito Santo acontece até hoje (Atos 2.4);
- Jesus pode curar e por meio dele acontecem milagres (Tiago 5.15);

- Jesus vai voltar para buscar sua Igreja na terra, os que forem salvos (1 Tessalonicenses 4.16-17.54).

O movimento também foi marcado pelo desenvolvimento dos ministérios de mulheres. É comum ver atualmente mulheres atuando como obreiras, missionárias e até mesmo exercendo outras posições, como pastoras, bispas e até apóstolas, dependendo da denominação.

Os primeiros registros oficiais das igrejas pentecostais são do início do século 19, nos Estados Unidos. Rapidamente o movimento se espalhou por todo o país e chegou ao Brasil. Ao aparecer aqui, podemos dizer que o movimento protestante se dividiu em três grandes ondas ao longo dos séculos 20 e 21:

Primeira onda (de 1910 a 1950)

MESMO EM UM TUMULTUADO CENÁRIO MUNDIAL, entre duas grandes guerras, avanço e queda do nazismo e surgimento do movimento comunista, as igrejas pentecostais continuaram a ganhar fôlego. Nesse período, algumas denominações importantes, como a Assembleia de Deus, desembarcaram por aqui. Outras foram criadas já no Brasil, inspiradas pelo movimento pentecostal.

Veja alguns exemplos:

1. Assembleia de Deus

Foi fundada por dois jovens, Daniel Berg e Gunnar Vingren, que haviam emigrado da Suécia para os Estados Unidos. Em Chicago, participaram de uma convenção pentecostal e depois decidiram vir para o Brasil. Chegaram a Belém do Pará no dia 19 de novembro de 1910, onde permaneceram na Igreja Batista por um tempo, mas suas ideias pentecostais não foram aceitas. Afastaram-se, então, e fundaram a Assembleia de Deus, em junho de 1911, e passaram a levá-la para outras cidades do país, como Vitória (ES) e Santos (SP). Hoje, a Assembleia de Deus é a maior Igreja do Brasil, com cerca de 12,3 milhões de fiéis (Censo 2010 do IBGE). No Brasil, as Assembleias de Deus estão organizadas em ministérios formados pelas igrejas-sede e suas respectivas filiadas, congregações e pontos de pregação. Entre seus líderes mais significativos estão os pastores Jabes de Alencar (líder da Assembleia de Deus do Bom Retiro) e Silas Malafaia (líder do ministério Vitória em Cristo, ligado à Assembleia de Deus). Em 2011, os assembleianos comemoraram o centenário das Assembleias de Deus no Brasil.

www.assembleia.org.br
www.centenarioadbrasil.org.br

2. Congregação Cristã

Fundada em 1910 pelo italiano Luigi Francescon, antigo membro da Igreja Presbiteriana Italiana de Chicago, EUA, teve grande desenvolvimento no Brasil. A Igreja realizava reuniões sem um nome específico, que foi definido por convenção mais de 20 anos depois, em 1936. Passou então a se chamar Congregação Cristã no Brasil, com sede própria na cidade de São Paulo, no bairro do Brás. Sua doutrina se baseia nos 12 artigos de fé da convenção das igrejas italianas pentecostais, realizada em 1927 em Nova York, com pequenas modificações feitas na convenção de 1936. A organização da Igreja se dá de forma diferenciada das demais denominações. São ordenados, por exemplo, apenas anciãos e diáconos (1 Timóteo 4.14). Não prega o dízimo e sua manutenção acontece por meio de ofertas dos seus membros. Nos cultos há algumas práticas predominantes, como assentos separados para homens e mulheres e uso do véu para as mulheres. É a terceira maior Igreja do país, com 2,3 milhões de fiéis (Censo 2010 do IBGE). **ccbnomundo.webnode.com.br**

3. Igreja Evangélica Avivamento Bíblico

Surgiu como uma dissidência da Igreja Metodista

tradicional. Em 7 de setembro de 1946, um grupo de metodistas começou a se reunir nos fundos da Faculdade de Teologia da Igreja Metodista do Brasil, em Rudge Ramos, município de São Bernardo do Campo. Esse grupo acreditava no batismo do Espírito Santo, o que contrariava os ensinamentos da Igreja Metodista. O grupo acabou por se desligar e formar um novo ministério. Atualmente a denominação conta com igrejas implantadas em todos os Estados brasileiros, além de outros países da América do Sul, como Chile, Uruguai, Paraguai e Argentina.
www.avivamentobiblico.com

Segunda onda (décadas de 1950 e 1960)

ALGUMAS IGREJAS formadas no país no período:

1. **Igreja do Evangelho Quadrangular no Brasil**

Foi fundada em 1922 por Aimee Semple McPherson (1890-1944), uma evangelista conhecida como "irmã Aimee", em Los Angeles, nos Estados Unidos. A igreja chegou ao Brasil em 1951, trazida pelo missionário Harold Willians, para a cidade de Poços de Caldas (MG). No ano seguinte, a Quadrangular se instalou em São Paulo, tendo início com campanhas de evangelismo no bairro do Cambuci. A partir daí o movimento cresceu, e as igrejas começaram a se espalhar pela cidade e pelo país. Atualmente tem 1,8 milhão de membros, sendo a quinta maior denominação do Brasil (Censo 2010 do IBGE). No geral, espalhou-se por 107 países. Sua doutrina é baseada em quatro pilares:

- **Jesus Cristo é o Salvador enviado por Deus para salvar o mundo (Romanos 3.23);**
- **Jesus Cristo é o batizador, dando poder e unção do Espírito Santo aos que nele acreditam (Atos 1.5 e 8);**
- **Jesus Cristo é o grande médico, tocando enfermos com poder curador (Mateus 8.17);**
- **Jesus Cristo é o Rei que voltará como Rei dos reis (1 Tessalonicenses 4.16-18).**

www.quadrangular.com.br

2. Igreja Pentecostal Brasil para Cristo

Foi fundada em 1956 pelo missionário Manoel de Melo, ex-membro da Assembleia de Deus. Realizou seu primeiro culto no dia 3 de março de 1956, em Pirituba, São Paulo, debaixo de uma lona de circo. Esse local foi incendiado e destruído por opositores na mesma data. Em 1958, o missionário começou a fazer pregações em uma espécie de tabernáculo de madeira e, em 1960, passou a realizar seus cultos num grande depósito, ainda na capital paulistana. Para expandir o espaço da Igreja, deu início à construção do templo na Pompeia, em São Paulo, considerado na época o maior templo evangélico do mundo. O missionário deixou a direção da Igreja em 1986 e morreu em 1990. A Igreja está organizada em convenções estaduais e regionais, envia missionários ao exterior e, entre suas principais atividades sociais, mantém escolas, salas de alfabetização, institutos bíblicos e centros de recuperação de viciados. Atualmente conta com 196 mil fiéis e cerca de 4 mil igrejas espalhadas pelo país (Censo 2010 do IBGE). O ministério chegou também a outros países das Américas, Europa e Ásia. **www.convencaosp.com.br**

3. Igreja Pentecostal Deus É Amor

Foi fundada no dia 3 de junho de 1962 pelo missionário David Martins Miranda e cresceu rapidamente. Em sua biografia, David Miranda conta que ouviu uma voz enquanto orava em seu quarto e que sentiu a necessidade de fundar uma igreja para expandir a obra de Deus. O ministério é marcado pelo uso do rádio, como principal meio de comunicação, que transmite o programa *A Voz da Libertação* há mais de 50 anos, e por códigos de condutas

rígidos. Hoje, estima-se que a Igreja tenha 845 mil membros no país (Censo 2010 do IBGE) e cerca de 17 mil igrejas espalhadas pelo Brasil, além de presença em mais de cem países. Sua sede mundial, situada na Avenida do Estado, em São Paulo, é considerada um dos maiores templos evangélicos do mundo. O missionário David Martins Miranda faleceu em abril de 2015.
www.ipda.org.br

4. Igreja Nova Vida
Fundada pelo bispo Walter Robert McAlister, de nacionalidade canadense, que veio para o Brasil e implantou uma grande obra de evangelização conhecida como Cruzada de Nova Vida. A Igreja de Nova Vida nasceu de um programa de rádio, *A Voz da Nova Vida*, transmitido pela primeira vez em 1º de agosto de 1960 pela Rádio Copacabana do Rio de Janeiro. Depois começaram a fazer seus cultos na Associação Brasileira de Imprensa. A mensagem era voltada para a cura e libertação, o que despertou o interesse de muitos e o avanço da denominação. Os programas de rádios existem até hoje e seguem entre os principais canais de evangelismo da Igreja. Robert MacAlister faleceu em 1993. O atual líder do ministério é seu filho, Walter Robert MacAlister Junior,

considerado bispo primaz da Igreja. Segundo a denominação, atualmente há mais de 140 igrejas em todo o país. São aproximadamente 90 mil membros (Censo 2010 do IBGE). **www.icnv.com.br**

Terceira onda
As igrejas neopentecostais
(fim da década de 70 até os dias atuais)

AS IGREJAS NEOPENTECOSTAIS COMEÇARAM A SURGIR no Brasil no fim da década 70 e tomaram força ao longo dos anos 1980. Essas igrejas se caracterizam por usar estratégias modernas de evangelização que vão dos shows de evangelismo ao uso profissional de canais de TV e rádio para propagar cultos. O termo gospel passou a ser usado com frequência e os jovens se envolveram cada vez mais no trabalho de evangelismo e nas obras assistenciais, iniciando uma verdadeira revolução da forma como se propaga o Evangelho no país. Surgiram muitos cantores e artistas que passaram a se dedicar exclusivamente ao segmento gospel, gravando músicas nos mais variados ritmos, do rock ao sertanejo.

Mas não foi só na modernização dos meios de evangelismo que essas igrejas inovaram. Elas também quebraram paradigmas, romperam com vários usos e costumes e passaram a ministrar a Palavra com ênfase na transformação de vidas.

A maior parte delas também se aprofundou na pregação da importância dos dízimos e ofertas como um canal de bênçãos para a vida das pessoas. Ser próspero deixou de ser algo distante, mas uma realidade. Essa linha passou a ser conhecida popularmente como "teologia da prosperidade", contestada até hoje por algumas denominações mais tradicionais.

As mulheres também passaram a atuar de forma mais decisiva, não apenas como missionárias ou evangelistas, mas chegando a pastoras, bispas e apóstolas. Entre as pioneiras está a bispa Sonia Hernandes, da Igreja Renascer em Cristo, primeira bispa ungida no Brasil, e a apóstola Valnice Milhomens.

Hoje, igrejas pentecostais, igrejas renovadas e até mesmo algumas tradicionais já aceitam e apoiam o ministério das mulheres.

Movimento apostólico

"E Ele mesmo concedeu uns para apóstolos, outros para profetas, outros para evangelistas e outros para pastores e mestres." (Efésios 4.11)

Um dos principais destaques desse período foi o resgate do apostolado, tendo como primeiro apóstolo ungido do país o líder da Igreja Renascer em Cristo, apóstolo Estevam Hernandes. Ele foi o pioneiro a declarar no Brasil que o ministério dos apóstolos não estava restrito apenas à época de Jesus.

O apostolado não é a única marca do movimento que ficou conhecido como "mover apostólico". Ele também é marcado por "sinais, prodígios e maravilhas", ou seja, por milagres, como curas, e transformação de vidas.

"As credenciais do apostolado foram apresentadas no meio de vós, com toda a persistência, por sinais, prodígios e poderes miraculosos." (2 Coríntios 12.12)

O movimento se espalhou rapidamente para outras denominações, e atualmente muitas igrejas possuem apóstolos como sua principal liderança. Entre os mais conhecidos estão Valdemiro Santiago (da Igreja Mundial do Poder de Deus), Renê Terra Nova (Ministério Internacional da Restauração), Rina (Rinaldo Luiz de Seixas Pereira, da Bola de Neve) e César Augusto (Igreja Fonte da Vida).

O apostolado também chegou até as mulheres, como Valnice Milhomens, apóstola da Igreja Nacional do Senhor Jesus Cristo, e Neuza Itioka, apóstola do

Ministério Ágape Reconciliação.

Marcha para Jesus

OUTRA MARCA DO PERÍODO é a Marcha para Jesus, que é realizada no país há 22 anos. O evento, que reúne milhões de pessoas pelas ruas, faz parte do calendário oficial brasileiro desde setembro de 2009, quando a Lei Federal 12.025 foi sancionada pelo então presidente Luiz Inácio Lula da Silva.

A Marcha chegou ao Brasil em 1993. Desde então, o apóstolo Estevam Hernandes, líder da Igreja Renascer em Cristo, é seu presidente. Naquele primeiro ano, a Marcha saiu em São Paulo, da Avenida Paulista, seguiu em direção à Avenida Brigadeiro Luís Antônio e chegou ao Anhangabaú para a concentração.

Alguns anos depois, milhões de pessoas de mais de 170 países já haviam marchado para celebrar o nome de Jesus Cristo em diferentes regiões do Brasil e do mundo. Cidadãos de diversas religiões, idade e raças saíram às ruas em países como Argentina, Canadá, Colômbia, Cuba, EUA, Finlândia, França, Itália, Japão, Moçambique e Rússia, entre outros. No Brasil, a Marcha acontece em várias cidades.

Em janeiro de 2013, a Marcha foi realizada pela primeira vez no Haiti, levando ajuda (alimentos, roupas, água) para várias famílias carentes. Em outubro do mesmo ano, chegou a Israel, com apoio do governo daquele país. Em 2014 foi a vez de a África do Sul realizar um dia de louvor e adoração ao Senhor pelas ruas.

A seguir, citamos algumas das principais igrejas fundadas nesse período:

1 . Igreja Universal do Reino de Deus

Foi fundada em 9 de julho de 1977 pelo bispo Edir Macedo, no Rio de Janeiro. Naquele tempo, Edir Macedo começou a ministrar a Palavra pelas ruas no Rio. Sem condições de alugar um imóvel, passou a realizar reuniões num coreto do jardim do bairro do Méier (Rio de Janeiro). Os cultos ficaram tão populares que, em pouco tempo, foi preciso alugar novos espaços, como auditórios e cinemas. Um dos locais que marcaram a história da Igreja foi uma antiga funerária, no bairro da Abolição, Zona Norte do Rio de Janeiro. Hoje a Universal é a quarta maior denominação protestante do país, com 1,9 milhão de membros (Censo 2010 do IBGE) e aproximadamente 6 mil igrejas. Segundo a instituição, está presente em cerca de 200 países, atingindo um público de aproximadamente 6 milhões de pessoas em todo o mundo. A

atuação na área da comunicação e telecomunicação é outro ponto forte. A Rede Aleluia, que pertence à Igreja Universal, soma mais de 64 emissoras de rádio AM e FM, que cobrem uma área superior a 75% do território nacional, e mais de 20 repetidoras da TV Universal. O grupo tem ainda o portal Universal.org, a *Folha Universal* e as revistas *Plenitude*, *Obreiro de Fé* e *Mão Amiga* (mídia impressa), além da gravadora Line Records. A Rede Record de Televisão também faz parte do grupo. Além dos cultos, a Universal desenvolve ações sociais em várias partes do Brasil e do mundo. A Igreja construiu uma réplica do Templo de Salomão, a maior catedral da Iurd do mundo. O templo está localizado no bairro do Brás, em São Paulo, e tem capacidade para 10 mil pessoas. Foi inaugurado em 31 de julho de 2014.
www.universal.org

2 . Igreja Internacional da Graça de Deus

Foi fundada em 1980 por Romildo Ribeiro Soares, mais conhecido como missionário R.R. Soares. Cunhado de Edir Macedo, também participou da fundação da Igreja Universal do Reino de Deus, da qual se desligou. Seu ministério começou no Rio de Janeiro, mas rapidamente cresceu e se estendeu por outros Estados brasileiros e pelo mundo. Atualmente existem cerca de 2 mil templos da Igreja espalhados pelo país. No exterior, está presente em 11 países, com cerca de 30 igrejas, segundo informações da própria denominação. Assim como a Universal, a Igreja da Graça também se destaca por sua atuação nos meios de comunicação, em especial na televisão. O programa de TV de maior destaque é o *Show da Fé*, transmitido em horário nobre pela Rede Bandeirantes e Rede TV! A Igreja também mantém seu próprio canal, a Rede Internacional de Televisão (RIT), que transmite conteúdo totalmente evangélico, além da Nossa TV, canal por assinatura. A presença em rádios de todo o país é grande com a Nossa Rádio, que também transmite sua programação para os Estados Unidos. Desde 2010, a Igreja vem investindo na área cinematográfica, produzindo e distribuindo filmes evangélicos com a Graça Filmes. Outros meios utilizados incluem a gravadora Graça Music e a editora Graça Editorial. **www.ongrace.com**

3 . Igreja Renascer em Cristo

Nasceu em 1986, na casa de Estevam e Sonia Hernandes, em São Paulo, onde eles também passaram a abrigar 12 jovens, dependentes químicos, que durante anos foram acompanhados e receberam tratamento adequado. Aquele foi o embrião da Igreja e de uma de suas maiores atuações no futuro: o evangelismo e a reabilitação de dependentes químicos. Em pouco tempo, a casa onde faziam as reuniões ficou pequena para abrigar tanta gente e os cultos passaram a acontecer em um dos salões da antiga Pizzaria Livorno, em São Paulo. A Igreja cresceu rapidamente e teve de procurar novos espaços. Um dos marcos do ministério foi a inauguração da sede na Avenida Lins de Vasconcelos, no Cambuci, que por muito tempo seria o símbolo da Renascer em Cristo. Atualmente, a Igreja Renascer tem sede na Mooca, em São Paulo, e mais 600 igrejas espalhadas pelo Brasil, além de outros países da América Latina e Estados Unidos. Desenvolve ainda trabalhos de evangelismo na África, Ásia e Europa. Outro marco da denominação é a música gospel, com o Renascer Praise, um dos maiores grupos de louvor da América Latina. Na área de comunicação, a Renascer conta com a Rede Gospel de Televisão e a Gospel FM, que transmitem programação exclusivamente evangélica, além do portal Igospel (www.igospel.org.br). A visão da Igreja é baseada no Livro de Neemias, pregando a transformação e restauração de vidas.

www.igospel.org.br

4 . Comunidade Evangélica Sara Nossa Terra

A Igreja foi fundada em fevereiro de 1992, em Brasília, pelo bispo Robson Rodovalho e pela bispa Maria Lúcia Rodovalho. Segundo o bispo, o nome veio de uma revelação de Deus baseada na palavra de 2 Crônicas 7.14: "Se o meu povo, que se chama pelo meu nome, se humilhar, e orar, e buscar (...), então eu ouvirei dos céus, e perdoarei os seus pecados e sararei a sua terra". Segundo informações da Igreja, há cerca de 1,3 milhão de membros e mais de mil templos espalhados em 21 Estados brasileiros e em países como Estados Unidos, Holanda, Portugal, Espanha, Inglaterra, França e Alemanha. A Igreja também tem presença na área das comunicações, com destaque para a TV Gênesis – com alcance de 20 Estados brasileiros e 200 cidades, além de transmitir para países como Portugal, África e Argentina e para a Rádio Sara Brasil FM. Investe ainda em publicações com a editora SBE Produções (Sara Brasil Edições e Produções) e a gravadora Sara Music. Entre seus projetos mais conhecidos está o Arena Jovem, que estimula o engajamento da juventude no evangelismo e nas demais atividades da obra.

www.saranossaterra.com.br

5. Igreja Mundial do Poder de Deus

Foi fundada em Sorocaba em 1998 por Valdemiro Santiago, ex-bispo da Igreja Universal do Reino de Deus. Sua sede, o Grande Templo dos Milagres, funciona em uma antiga fábrica com 43 mil metros quadrados de área construída, no Brás, em São Paulo. No dia 1º de junho de 2014, inaugurou a Cidade Mundial, um megatemplo com capacidade para 30 mil pessoas na região de Santo Amaro, também na capital paulista. A Igreja enfatiza os milagres, especialmente as curas, e aposta no evangelismo ativo, atingindo presídios e moradores de rua, por exemplo. Também realiza investimento em mídia. Edita um jornal, o *Fé Mundial* (com tiragem mensal de 500 mil exemplares), e a revista *Avivamento Urgente*, além de transmitir programas por rádio e pelo canal TV Mundial (também chamada de TV IMPD, ou IMPD TV). Sua programação é formada quase que totalmente por cultos evangélicos realizados pela própria Igreja. Tem presença no exterior, em países como Portugal, Espanha, EUA, Angola, África do Sul, Peru, Paraguai, Argentina, México e Japão, contando com mais de 4 mil templos entre Brasil e exterior, todos administrados pela sede de São Paulo, Brasil.

www.impd.com.br

6 . Bola de Neve Church, ou Igreja Bola de Neve

O ministério, no início voltado para jovens, começou originalmente sob a coordenação do então pastor Rinaldo Luís, ainda na Igreja Renascer em Cristo. O movimento ganhou força e se emancipou. Com o lema "In Jesus we trust" ("Em Jesus nós confiamos"), o apóstolo Rina manteve o nome do ministério e fundou a Bola de Neve no ano 2000. A Igreja é voltada para o público em geral, mas acabou ganhando muita força entre os jovens, como universitários e praticantes de esportes radicais. O apóstolo Rina, que surfa, ficou conhecido por usar como púlpito uma prancha de surfe. O primeiro culto foi realizado no bairro da Lapa, São Paulo, em 6 de janeiro de 2000. A partir de abril de 2010, a sede foi transferida para a antiga casa de espetáculos Olímpia, em São Paulo, e tem igrejas em quase todos os Estados brasileiros, já somando mais de 150 em território nacional. Atualmente conta com templos no Peru, Rússia, Índia, Estados Unidos e Austrália. A Igreja também está presente na mídia com revistas (*Bola News, Crista*), rádio (Bola Rádio) e webTV (Bola TV).
www.boladeneve.com

7 . Igreja Fonte da Vida

Foi fundada em 1994 pelo casal de apóstolos César Augusto Machado de Sousa e Rúbia Pinheiro Fernandes de Sousa, em Goiânia, onde está sua sede até hoje. A Igreja possui duas rádios (AM 1090 Goiânia e Fonte FM 103,7 MHz) e um canal de televisão, Fonte TV. Nesses 20 anos de existência, o ministério se expandiu por todo o território nacional, mas manteve forte concentração nos municípios do interior goiano. Atualmente chega até outros países, como EUA, Chile, Inglaterra, Espanha, Portugal, Bélgica, Armênia, Austrália, Moçambique, Angola, África do Sul e Marrocos. Segundo informações do próprio ministério, conta com 90 mil membros e 380 igrejas. Também se destaca pelo trabalho com jovens e adolescentes e unidades de assistência social, prestando apoio a moradores de rua em Goiânia, Brasília e São Paulo. A Igreja lançou vários CDs e DVDs gravados com o Ministério Fonte da Vida de Adoração, e outras bandas, como a Pedras Vivas. Mantém ainda uma editora e uma produtora de filmes.

www.fontedavida.com.br

Igrejas evangélicas renovadas

As IGREJAS POPULARMENTE CONHECIDAS como "renovadas" ou "avivadas" são aquelas que procederam das denominações históricas, conservando traços administrativos e teológicos das igrejas-mães. As denominações se formaram porque muitos pastores e líderes abraçaram a renovação espiritual – marcada pelo batismo do Espírito Santo – e se desligaram de suas igrejas de origem ou foram excluídos. Veja a seguir alguns exemplos:

1 . Igreja Metodista Wesleyana

Foi fundada por um grupo de ministros e leigos que militavam na Igreja Metodista do Brasil. Batizados com o Espírito Santo, não foram mais aceitos em sua denominação original. A Igreja Metodista Wesleyana foi fundada em 5 de janeiro de 1967, seguindo em linhas gerais o regime metodista, mas implementando as mudanças trazidas com a experiência do avivamento. O movimento começou em 1962, quando alguns ministros e leigos começaram a ter contato com grupos de diversas denominações renovadas. Eram constantes as vigílias nos montes, as reuniões de oração e os retiros. Em 1966, o grupo foi proibido de realizar orações com imposição de mãos, expulsar demônios e fazer vigílias constantes. A partir daí, começaram a se organizar para a formação de uma nova igreja.

www.imw3.com.br

2 . Igreja Batista Nacional

Nos anos 60, líderes batistas, dentre os quais o pastor Enéas Tognini (um dos líderes evangélicos mais conhecidos no país, que em 2014 completou 100 anos de vida), foram alcançados pelo avivamento. Em janeiro de 1965, na cidade de Niterói, a Convenção Batista Brasileira excluiu 32 igrejas de seu rol, muitas delas por passarem a admitir o batismo no Espírito Santo. No ano seguinte, o número de excluídas chegou a 52. Em 1966, foi criada a Associação Missionária Evangélica (AME), que agregava as igrejas desligadas da Convenção Batista e outras. Em julho de 1967, os estatutos da AME foram reformados. As igrejas não batistas se desligaram da AME e cada qual se organizou de acordo com suas características históricas. Em 16 de setembro de 1967, a AME passou a se chamar Convenção Batista Nacional.

www.cbn.org.br

Pastor Enéas Tognini – 100 anos de fé

ENTRE OS MUITOS HOMENS E MULHERES QUE MARCARAM a história do avivamento espiritual no país, vale destacar o pastor Enéas Tognini, que completou 100 anos de idade em 2014. Ele viu sua vida totalmente transformada a partir do batismo no Espírito Santo, em 1958. Naquela época, ainda pouco se falava de avivamento no país, e o pastor acabou expulso da Convenção Batista. A partir daí, passou a viajar por todo o Brasil promovendo o avivamento espiritual, trabalho que realizou por mais de 20 anos. Ele se tornou um dos pioneiros da Renovação Espiritual, pregando às igrejas tradicionais e históricas sobre o batismo do Espírito e os dons espirituais. O ministério itinerante foi interrompido em 1981, quando fundou a Igreja Batista do Povo, em São Paulo. Anos depois, viveria a reconciliação com a Convenção Batista, que o convidou para voltar a integrar seus quadros, tendo chegado à presidência (1983 a 1995). Ainda hoje, mesmo com a idade avançada, o pastor Enéas é um dos líderes evangélicos mais atuantes do país. É vice-presidente e pastor emérito da Igreja Batista do Povo e presidente de honra da Sociedade Bíblica do Brasil. A Igreja que ele fundou cresceu e já realiza trabalhos fora de São Paulo e até em outros países, como no Reino Unido. **www.batistadopovo.org.br**

3 . Igreja Presbiteriana Renovada do Brasil

Em 1968, dissidências da Igreja Presbiteriana levaram à organização da Igreja Cristã Presbiteriana, a ICP. Outro grupo organizou, em julho de 1972, a Igreja Presbiteriana Independente Renovada. Pouco depois, em 8 de janeiro de 1975, as lideranças das duas decidiram unir forças, formando então a Igreja Presbiteriana Renovada do Brasil. Atualmente é a segunda maior denominação presbiteriana do país, com mais de 120 mil membros, segundo informações da própria Igreja. Crescendo rapidamente, mantém templos em quase todos os Estados e em diversos países, além de uma agência de missões (Mispa), dois seminários e a Editora Aleluia.

www.iprb.org.br/inic.htm

4 . Igreja Batista da Lagoinha

Foi fundada em 1957, em Belo Horizonte, com um grupo bem pequeno de membros que vieram da Igreja Batista do Barro Preto. Os trabalhos se iniciaram num galpão alugado. A Igreja fazia parte da Convenção Batista, mas passou a viver um grande avivamento espiritual a partir da década de 60, o que causou desconforto. Em 1964, a Lagoinha se consolidou como uma igreja pentecostal, sendo então excluída da Convenção. Atualmente a Igreja soma mais de 25 mil membros, segundo seus líderes, fruto de grupos de crescimento, hoje denominado "células" (pequenos grupos de pessoas), modelo adotado a partir de 1987. É bastante conhecida pelas convenções realizadas na Lagoinha e por ter ministros de louvor reconhecidos no mundo todo, como os irmãos André, Ana Paula e Mariana Valadão. A pastora Ana Paula é a líder de um dos maiores ministérios de louvor do Brasil, o Diante do Trono. A liderança da Igreja da Lagoinha é exercida pelo pastor Márcio Valadão, que tomou posse em 1972. Na mídia, estão presentes por meio da Rede Super de Televisão, TV onLine e jornal *Atos Hoje*.

www.lagoinha.com

O que é a visão de células?

ESSE CRESCIMENTO ACELERADO DOS EVANGÉLICOS no país também tem contado muito com a visão de igreja em células, difundida no mundo por intermédio do teólogo e ministro evangélico coreano David (Paul) Yonggi Cho. A visão celular é utilizada em várias igrejas pentecostais e neopentecostais no Brasil e está baseada, essencialmente, em Mateus 28.19: "Ide, portanto, fazei discípulos de todas as nações, batizando-os em nome do Pai, e do Filho, e do Espírito Santo".

Em geral, as células funcionam como pequenos núcleos de discipulado e evangelismo, que se reúnem nos lares, escolas e empresas. Esses grupos são pastoreados por líderes ligados às igrejas e buscam gerar, além do evangelismo, o crescimento das pessoas em sua vida espiritual e uma comunhão maior.

Alguns exemplos de igrejas no Brasil que utilizam essa visão: Ministério Internacional da Restauração, Igreja Nacional do Senhor Jesus Cristo, Comunidade da Graça, Igreja Batista da Lagoinha, Igreja Sara Nossa Terra e Igreja Batista do Povo, entre outras.

13

NADA É VÁLIDO SEM AMOR

"Ainda que eu fale as línguas dos homens e dos anjos, se não tiver amor, serei como o bronze que soa ou como o címbalo que retine. Ainda que eu tenha o dom de profetizar e conheça todos os mistérios e toda a ciência; ainda que eu tenha tamanha fé a ponto de transportar montes, se não tiver amor, nada serei."

(13.1-2)

QUANDO PERGUNTARAM A JESUS qual o principal mandamento que deveria ser seguido entre os tantos que Deus tinha deixado, Ele não pensou duas vezes ao responder: "Amem-se! Amem-se uns aos outros como eu vos amei!" Jesus veio ao mundo para provar ao homem que é possível amar, mesmo diante das piores circunstâncias. Ele amou quem o perseguiu, traiu e odiou. Amou quem o negou, como Pedro, a ponto de perdoá-lo e dar-lhe toda a autoridade para ser um grande apóstolo. Amou até quem o matou, pedindo perdão junto a Deus por aqueles que o colocaram na cruz.

"O meu mandamento é este: que vos ameis uns aos outros, assim como eu vos amei. Ninguém tem maior amor do que este: de dar alguém a própria vida em favor dos seus amigos." (João 15.12-13)

O amor de Deus é incondicional, o que significa que não impõe condições para ser exercido, apenas ama. Ele ama porque ama, porque amar é sua essência, e não porque merecemos esse amor. Não é uma relação de troca, Deus não nos ama porque espera ser amado da mesma forma. Obviamente Ele deseja nosso amor, mas isso não impõe condições. Foi motivado por esse amor incondicional por nós que Ele entregou seu filho único, Jesus, para morrer em nosso lugar.

Jesus ama a todos, até aos que o odeiam. Ele nos alerta também que temos de amar aos outros como a nós mesmos, o que é simples... Veja bem, não é para amar mais nem menos, mas assim como amamos a nós mesmos. Mas quem realmente se ama? Quem não luta todo dia com o que vê no espelho, por exemplo, ou acusa e culpa

Deus por suas falhas? Temos de aprender a ter amor-próprio, caso contrário não amaremos verdadeiramente as outras pessoas. Ninguém pode dar aquilo que não tem, não podemos "inventar" amor. Ele tem de ser cultivado, todos os dias, como uma dádiva divina, exercitado em pequenas atitudes e gestos.

Como podemos exercitar o amor? Muitas vezes, mais do que em grandes realizações, pequenas atitudes podem demonstrar quanto podemos amar uns aos outros. Exercite-se! No texto da primeira carta de Paulo à Igreja de Coríntios, no capítulo 13, tão popularizado em músicas e poemas, vemos que, após tudo que já tinha ensinado, o apóstolo ressalta que nada disso valeria a pena se não fosse feito com amor. Por maior que seja uma obra de caridade, de assistência social, ela não vale nada diante de Deus se for feita por obrigação. Não adianta entregarmos 24 horas do nosso dia para ajudar outras pessoas se não o fizermos por amor.

O maior mandamento de todos

"Chegando um dos escribas, tendo ouvido a discussão entre eles, vendo como Jesus lhes houvera respondido bem, perguntou-Lhe: Qual é o principal de todos os mandamentos? Respondeu Jesus: O

principal é: Ouve, ó Israel, o Senhor, nosso Deus, é o único Senhor! Amarás, pois, o Senhor, teu Deus, de todo o teu coração, de toda a tua alma, de todo o teu entendimento e de toda a tua força. O segundo é: Amarás o teu próximo como a ti mesmo. Não há outro mandamento maior do que estes." (Marcos 12.28-31)

Jesus nos deu uma grande aula de sabedoria ao responder àqueles fariseus sobre qual seria o principal mandamento bíblico. A pergunta era uma armadilha, pois queriam que ele escolhesse um dos dez mandamentos entregues a Moisés e negasse a importância dos outros. Mas é maravilhoso como que, por inúmeras vezes, Jesus driblou com sabedoria todos aqueles que queriam colocá-lo em uma situação difícil ou fazê-lo negar aquilo que estava nas leis entregues ao povo de Deus no deserto. Os fariseus bem que tentaram, mas não conseguiram.

Cristo conseguiu unir todos os dez mandamentos da lei de Moisés em apenas dois, sem ferir nenhum deles. Quem ama a Deus acima de todas as coisas e ama seu próximo como a si mesmo não rouba, não mata, não adultera, não trai...

Listar todos os ensinamentos de Jesus, no entanto, é um trabalho bem mais complexo. São muitos! Durante os três anos de ministério, Ele deixou várias "dicas" de como um verdadeiro cristão deve ser e de como agir em diversas situações. Devemos ser imitadores de Cristo, tentar agir no nosso dia a dia como Jesus agiria se estivesse em nosso lugar. Em todas essas situações, no entanto, podemos enxergar o amor incondicional de Deus.

"Sede, pois, imitadores de Deus, como filhos amados; e andai em amor, como também Cristo nos amou e se entregou a si mesmo por nós, como oferta e sacrifício a Deus, em aroma suave." *(Efésios 5.1-2)*

Doze ensinamentos valiosos de Jesus

VAMOS LISTAR ABAIXO apenas algumas dessas "dicas", que certamente transformam nossas vidas quando aplicadas.

1) Uma vida vale mais do que qualquer coisa. O que vale termos tudo o que o mundo pode dar se, com isso, perderemos a vida eterna? (Mateus 16.26)

2) Entregar a vida por alguém é a maior prova de amor que pode existir. (João 15.13)

3) Viemos a este mundo para servir e não para sermos servidos, assim como Jesus. (Mateus 20.28)

4) Seja humilde. (1 Pedro 5.5 e Filipenses 2.5)

5) Ninguém é melhor que ninguém. Deus nos ama da mesma forma e morreu por todos nós. (Romanos 2.11)

6) Todo aquele que busca de Deus, recebe resposta. (Mateus 7.7-11)

7) Não existe tempestade nesta vida que Ele não possa acalmar. (Mateus 8.23-27)

8) Qualquer pessoa pode ter sua vida totalmente transformada, basta querer. (João 3.1-18)

9) Para quem crê, não existe ponto final, fim da linha, fundo do poço. Sempre há um caminho, mesmo na morte. (João 11.1-30)

10) No mundo, no entanto, não estaremos livres de problemas. Mas podemos superá-los com a força que está em Cristo. (João 16.33)

11) Não odeie seus inimigos, nem deseje vingança (Lucas 6.27). A Bíblia diz que a verdadeira luta do homem não é contra seus semelhantes, mas contra os espíritos das trevas. (Efésios 6.12)

12) Tudo é possível para quem tem fé. (Marcos 9.23)

14

ELE VAI VOLTAR...

"Não se turbe o vosso coração; credes em Deus, crede também em mim. Na casa de meu Pai há muitas moradas. Se assim não fora, eu vo-lo teria dito. Pois vou preparar-vos lugar. E, quando eu for e vos preparar lugar, voltarei e vos receberei para mim mesmo, para que, onde estou, estejais vós também."

(João 14.1-3)

O APOCALIPSE SEMPRE FOI CERCADO POR MUITA FANTASIA e, principalmente, muito medo. De livros de ficção a gigantescas produções hollywoodianas, muito já se falou e se viu por aí sobre o "fim do mundo" ou o "final dos tempos". Esse fim da humanidade e da Terra como a conhecemos chegou até a ser previsto, mais de uma vez, por vários "sábios" e "profetas" ao longo dos anos. O mundo, porém, não acabou e Jesus Cristo ainda não voltou. É certo, porém, que voltará. Mas quando isso vai acontecer? A Bíblia é clara sobre isso: ninguém saberá com antecedência.

"Mas a respeito daquele dia e hora ninguém sabe, nem os anjos dos céus, nem o Filho, senão o Pai." (Mateus 24.36)

"Portanto, vigiai, porque não sabeis em que dia vem o vosso Senhor." (Mateus 24.42)

Infelizmente, a maneira como muitos cristãos encaram o Apocalipse é totalmente equivocada. O final dos tempos não deve ser um motivo de tristeza e medo, e sim de alegria para os que acreditam em Jesus, já que Ele vai voltar para buscar sua Igreja! É esse acontecimento que chamamos de arrebatamento. Todos aqueles que acreditam em Jesus como seu Senhor e Salvador serão arrebatados, levados inesperadamente deste mundo, e o encontrarão nos céus. A Igreja estará então com Ele para sempre, em perfeita comunhão.

"Porquanto o Senhor mesmo, dada a sua palavra de ordem, ouvida a voz do arcanjo, e ressoada a trombeta de Deus, descerá dos céus, e os mortos em Cristo ressuscitarão primeiro; depois, nós, os vivos, os que ficarmos, seremos arrebatados juntamente com eles, entre nuvens, para o encontro do Senhor nos ares, e, assim, estaremos para sempre com o Senhor." (1 Tessalonicenses 4.16-17).

Após o arrebatamento, os homens que ficarem na terra enfrentarão muitas dificuldades e perseguições, mas ainda terão a chance de se arrepender e buscar a Deus. Pagarão um preço alto por isso, mas terão sua chance. Algumas correntes protestantes não acreditam que haverá salvação nesse período de tribulação, mas a Palavra não nos deixa duvidar disso. E mais: se acreditamos em um Deus de amor, que quer realmente nos resgatar, por que Ele deixaria os homens passando por uma grande tribulação na terra sem esperança de salvação? Esse período de tribulação será o do resgate final da humanidade. Veja o que Jesus nos fala em Apocalipse 7.9-10. Ele afirma que os santos da tribulação, ou seja, aqueles que buscaram a Deus nesse período, estarão com Ele na sala do trono:

"Depois destas coisas, vi, e eis grande multidão que ninguém podia enumerar, de todas as nações, tribos, povos e línguas, em pé diante do trono e diante do Cordeiro, vestidos de vestiduras brancas, com palmas nas mãos; e clamavam em grande voz, dizendo: Ao nosso Deus, que se assenta no trono, e ao Cordeiro, pertence a salvação. Todos os anjos estavam de pé rodeando o trono, os anciãos e os quatro seres viventes, e ante o trono se prostraram sobre o seu rosto, e adoraram a Deus, dizendo: Amém! O louvor, e a glória, e a sabedoria, e as ações de graças, e a honra, e o poder,

e a força sejam ao nosso Deus, pelos séculos dos séculos. Amém!
Um dos anciãos tomou a palavra, dizendo: Estes, que se vestem
de vestiduras brancas, quem são e donde vieram? Respondi-lhe:
meu Senhor, tu o sabes. Ele, então, me disse: São estes os que vêm
da grande tribulação, lavaram suas vestiduras e as alvejaram no
sangue do Cordeiro."

É preciso entender que esse arrebatamento da Igreja, porém, ainda não representa o fim dos tempos, mas o princípio do fim. Podemos, na verdade, dividir a volta de Jesus em duas partes: primeiro acontecerá esse arrebatamento, Ele virá nos ares e vai levar consigo sua Igreja, mas o restante da humanidade permanecerá aqui na terra. Depois, passado um período de sete anos, Ele voltará e aí sim vai estabelecer seu reinado na terra. Nós, a Igreja arrebatada, voltaremos com Ele e reinaremos juntos. Como será isso? Como vamos estar com Ele novamente na terra? Como pontuamos no início deste livro, existem coisas que não conseguimos explicar, mas certamente cremos pela fé em sua Palavra.

"Então, se verá o Filho do Homem vindo numa nuvem, com poder e grande glória." (Lucas 21.27).

"Vi o céu aberto, e eis um cavalo branco. O seu cavaleiro se chama Fiel e Verdadeiro e julga e peleja com justiça. Os seus olhos

são chama de fogo; na sua cabeça, há muitos diademas; tem um nome escrito que ninguém conhece, senão Ele mesmo. Está vestido com um manto tinto de sangue, e o seu nome se chama o Verbo de Deus; e seguiam-No os exércitos que há no céu, montando cavalos brancos, com vestiduras de linho finíssimo, branco e puro. Sai da sua boca uma espada afiada, para com ela ferir as nações; e Ele mesmo as regerá com cetro de ferro e, pessoalmente, pisa o lagar do vinho do furor da ira do Deus Todo-Poderoso. Tem no seu manto e na sua coxa um nome inscrito: REI DOS REIS E SENHOR DOS SENHORES." (Apocalipse 19.11-15)

Jesus vai aprisionar Satanás por mil anos e, depois desse período, finalmente o diabo será enviado ao lago de fogo para sempre. Então teremos um novo céu e uma nova terra, nada mais será como é hoje. Morte, dor, destruição, tristeza, sofrimento não serão mais vistos entre os homens, pois a malignidade não existirá mais. Viveremos eternamente com Ele, em um relacionamento perfeito.

"Então, ouvi grande voz vinda do trono, dizendo: Eis o tabernáculo de Deus com os homens. Deus habitará com eles. Eles serão povos de Deus, e Deus mesmo estará com eles. E lhes enxugará dos olhos toda lágrima, e a morte já não existirá, já não haverá luto, nem pranto, nem dor, porque as primeiras coisas passaram."
(Apocalipse 21.3-4)

A desobediência do homem levou a humanidade a um longo desvio dos planos que Deus tinha traçado, mas Ele jamais desistiu. A volta de Jesus completa o ciclo e restabelece a vontade de Deus como era desde o Éden: que Ele e o homem pudessem viver em paz e comunhão eternamente.

15

ALGUMAS PERGUNTAS QUE VOCÊ SEMPRE QUIS FAZER AOS EVANGÉLICOS...

1) Por que Jesus teve que morrer?

Quando o homem desobedeceu a Deus, lá no Éden, ele rompeu o relacionamento que tinha com o Senhor. Pelo seu pecado, a morte entrou no mundo. Ali mesmo Deus já traçou um plano para dar ao homem uma nova chance e trazê-lo de volta para esse relacionamento com o Criador. Deus disse para a serpente: "Porei inimizade entre ti e a mulher, entre a tua descendência e o seu descendente. Este te ferirá a cabeça, e tu lhe ferirás o calcanhar" (Gn 3.15). O plano de Deus incluía o envio de Jesus, sua morte e ressurreição; e esse plano foi um golpe mortal no inferno e suas obras. Assim, Ele se constitui a ponte, o caminho que nos leva de volta para Deus. A Bíblia diz que Jesus nos reconciliou com o Pai:

"Ora, tudo provém de Deus, que nos reconciliou Consigo mesmo por meio de Cristo e nos deu o ministério da reconciliação." (2 Coríntios 5.18)

"Se, com a tua boca, confessares Jesus como Senhor e, em teu coração, creres que Deus o ressuscitou dentre os mortos, serás salvo." (Romanos 10.9)

Para se aprofundar nesse assunto, leia os capítulos 2 e 3 deste livro.

2) Jesus era homem ou era Deus? Onde Ele está agora?

Jesus era homem e era Deus, por mais absurdo que isso possa parecer. Ele deixou sua condição divina e veio ao mundo como qualquer outra criança, mas por meio de uma concepção sobrenatural. *"Ele tinha a natureza de Deus, mas não tentou ficar igual a Deus. Pelo contrário, Ele abriu mão de tudo o que era seu e tomou a natureza de servo, tornando-se assim igual aos seres humanos. E, vivendo a vida comum de um ser humano, Ele foi humilde e obedeceu a Deus até a morte – morte de cruz" (Filipenses 2.6-8 – NTLH)*. A Bíblia nos diz que Jesus ressuscitou e está sentado à direita de Deus Pai (Colossenses 3.1). No entanto, por meio do Espírito Santo, Jesus está conosco todo o tempo.

"Eis que estou convosco todos os dias até a consumação do século." (Mateus 28.20)

3) Por que os evangélicos não acreditam em imagens e santos?

Você nunca vai encontrar qualquer imagem nas igrejas evangélicas porque a Bíblia exorta as pessoas a não se curvarem a ídolos, a imagens. Observe: "Eu sou o SENHOR, este é o meu nome; a minha glória, pois, não a darei a outrem, nem a minha honra, às imagens de escultura" (Isaías 42.8). Diz ainda: "Tornarão atrás e confundir-se-ão de vergonha os que confiam em imagens de escultura e às imagens de fundição dizem: Vós sois nossos deuses" (Isaías 42.17). E outra vez: "Congregai-vos e vinde; chegai-vos todos juntos, vós que escapastes das nações; nada sabem os que carregam o lenho das suas imagens de escultura e fazem súplicas a um deus que não pode salvar" (Isaías 45.20). Além disso, a palavra "santo", na maioria das vezes em que aparece na Bíblia, significa puro, separado para Deus, consagrado; o oposto de profano. E Deus conclama: "Sede santos como eu sou santo" (Levítico 11.44a). Esse chamado de Deus não foi feito para alguns, mas para todos aqueles se aproximam dele. Todos nós podemos e devemos buscar essa santidade quando somos lavados e remidos no sangue de Jesus. E mais: todos os que creem podem orar para Deus, em nome de Jesus, e ver milagres acontecendo.

"Não farás para ti imagem de escultura, nem semelhança alguma do que há em cima no céu, nem embaixo na terra, nem nas águas debaixo da terra". (Deuteronômio 5.8)

"E não há salvação em nenhum outro; porque abaixo do céu não existe nenhum outro nome, dado entre os homens, pelo qual importa que sejamos salvos." (Atos 4.12)

"Em verdade, em verdade vos digo que aquele que crê em mim fará também as obras que eu faço e outras maiores fará, porque eu vou para junto do Pai." (João 14.12)

4) Por que existe tanto sofrimento no mundo? Por que Deus permite isso?

Deus criou homens livres e de posse de seu livre-arbítrio, tanto é que, ao invés de o homem escolher obedecer a Deus, lá no princípio, ele escolheu desobedecer e andar em seus próprios caminhos. O homem virou as costas para Deus, mas quando acontece algo ruim, ele logo pergunta: "Por que Deus permitiu?"

O mundo hoje é resultado das escolhas do próprio homem. Por meio do pecado e da quebra de aliança com Deus, o mal passou a agir livremente na terra. A única forma de barrar a ação do diabo é pelo poder de Jesus Cristo. Quando entregamos nossas vidas em suas mãos e cremos no seu sacrifício na cruz, é como se estivéssemos cobertos por uma proteção especial contra as ações de Satanás, uma espécie de blindagem. Isso não nos tira do mundo, mas nos livra do mal. Jesus nunca nos enganou sobre isso, Ele disse que teríamos lutas neste mundo, mas que nos ajudaria a enfrentá-las.

"Sabemos que todo aquele que é nascido de Deus não vive em pecado; antes, aquele que nasceu de Deus o guarda, e o Maligno não lhe toca. Sabemos que somos de Deus e que o mundo inteiro jaz no Maligno." (1 João 5.18-19)

"Estas coisas vos tenho dito para que tenhais paz em mim. No mundo, passais por aflições; mas tende bom ânimo; eu venci o mundo." (João 16.33)

5) O homem só vive uma vez? Por que os cristãos não acreditam em reencarnação?

Porque está escrito na Bíblia: "E, assim como aos homens está ordenado morrerem uma só vez, vindo, depois disto, o juízo" (Hebreus 9.27). E ainda: "Não são poucos os meus dias? Cessa, pois, e deixa-me, para que por um pouco eu tome alento, antes que eu vá para o lugar de que não voltarei, para a terra das trevas e da sombra da morte"(Jó 10.20-21). "Porque dentro de poucos anos eu seguirei o caminho de onde não tornarei" (Jó 16.22). A ideia da reencarnação se contrapõe totalmente à da ressurreição. Se o homem pudesse morrer e voltar para se aperfeiçoar ou purgar seus erros inúmeras vezes, então Jesus morreu e ressuscitou em vão. Ele não precisava ter se sacrificado pelos nossos pecados; o homem mesmo poderia fazer isso. Mas não é o que a Bíblia diz.

"Se habita em vós o Espírito daquele que ressuscitou a Jesus dentre os mortos, esse mesmo que ressuscitou a Cristo Jesus dentre os mortos vivificará também o vosso corpo mortal, por meio do seu Espírito, que em vós habita." (Romanos 8.11)

6) Por que os evangélicos entregam dinheiro na igreja? Para onde vão esses recursos?

A Bíblia diz em Malaquias 3.10: *"Trazei todos os dízimos à casa do Tesouro, para que haja mantimento na minha casa; e provai-me nisto, diz o SENHOR dos Exércitos, se eu não vos abrir as janelas do céu e não derramar sobre vós bênção sem medida"*

(Malaquias 3.10). Se consagrar os 10% do que ganha, toda a sua renda será abençoada e você provará dos frutos dessa entrega. Mas não se trata de uma relação de troca. Trata-se de uma lei espiritual. Além do dízimo, existem as ofertas. Deus deixa claro, inclusive, que Ele receberá as ofertas que forem entregues com amor.

Cada Igreja tem uma forma de administrar esses recursos, mas geralmente eles são direcionados para a manutenção dos templos, pagamento de funcionários, divulgação da mensagem do Evangelho (meios de comunicação) e obras assistenciais.

Se quiser se aprofundar nesse tema, leia o capítulo 9 deste livro.

"Cada um contribua segundo tiver proposto no coração, não com tristeza ou por necessidade; porque Deus ama a quem dá com alegria." (2 Coríntios 9.7)

7) O que é batismo no Espírito Santo? Ele sempre vem acompanhado das "línguas estranhas"? O que significa isso?

"Ao cumprir-se o dia de Pentecostes, estavam todos reunidos no mesmo lugar; de repente, veio do céu um som, como de um vento impetuoso, e encheu toda a casa onde estavam assentados. E

apareceram, distribuídas entre eles, línguas, como de fogo, e pousou uma sobre cada um deles. Todos ficaram cheios do Espírito Santo e passaram a falar em outras línguas, segundo o Espírito lhes concedia que falassem." (Atos 2.1-4)

Quando aceitamos Jesus como nosso Senhor e Salvador, passamos a ser a habitação do Espírito Santo, "templos do Espírito" na terra, pois Deus não habita em casas feitas por homens (Atos 17.24). Mas o batismo do Espírito Santo é mais do que isso. Esse batismo acontece após a conversão, quando buscamos ter um relacionamento mais profundo com Deus. Como é descrito no Livro de Atos, capítulo 2, o Espírito vem sobre os cristãos para que sejam revestidos de poder. Uma das manifestações desse revestimento pode ser o dom de falar em novas línguas. São línguas espirituais, um dom de Deus que é dado ao homem para louvor e oração. A crença no batismo no Espírito Santo é mais forte entre as igrejas pentecostais e neopentecostais, mas muitas denominações tradicionais passaram por um avivamento nos últimos tempos e aceitaram essa verdade bíblica. Ainda em Atos 2, vemos que o apóstolo Pedro se levantou para explicar o que acontecia com os presentes e citou que ali estava se cumprindo a profecia de Joel 2.28, que fala justamente da manifestação desse poder:

"Mas o que ocorre é o que foi dito por intermédio do profeta Joel: E acontecerá nos últimos dias, diz o Senhor, que derramarei do meu Espírito sobre toda a carne; vossos filhos e vossas filhas profetizarão, vossos jovens terão visões, e sonharão vossos velhos; até sobre os meus servos e sobre as minhas servas derramarei do meu Espírito naqueles dias, e profetizarão." (Atos 2.16-18)

8) Os evangélicos rejeitam a figura de Maria?

Maria foi uma mulher única na história da humanidade, ninguém teve ou terá novamente o privilégio que ela teve, o de gerar o filho de Deus. Ela tinha um coração extremamente puro e é um enorme exemplo de serva de Deus. Maria suportou tudo por amor a Deus e ao filho, com a mais profunda convicção de que estava sendo usada para um propósito maior. Temos muito respeito por Maria, ela é um grande exemplo de mulher. Não acreditamos, no entanto, na divindade de Maria. Ela era humana, como qualquer um de nós, apenas deixou que o Espírito Santo a usasse, entregando-se completamente ao cumprimento da vontade de Deus. Além do mais, na Bíblia está escrito: "Porquanto há um só Deus e um só Mediador entre Deus e os homens, Cristo Jesus, homem" (1 Timóteo 2.5). Se acreditamos que a Bíblia é a Palavra de Deus e se ela diz que

Jesus é o único mediador na nossa relação com o Deus Pai, então Ele é o único e não há outro.

"Quem os condenará? É Cristo Jesus quem morreu ou, antes, quem ressuscitou, o qual está à direita de Deus e também intercede por nós." (Romanos 8.34)

"Por isso, também pode salvar totalmente os que por ele se chegam a Deus, vivendo sempre para interceder por eles." (Hebreus 7.25)

9) Por que os evangélicos não batizam crianças?

O batismo é uma confissão pública e consciente da nossa fé, então entendemos que não deve ser realizado por criança de colo ou muito pequena, que ainda não tem entendimento nem pode tomar decisões com autonomia. Apenas a partir do momento em que a pessoa tem o real entendimento do significado do batismo é que ela deve ser batizada. Jesus mesmo foi batizado por João Batista aos 30 anos, aproximadamente. O batismo era por imersão, isto é, a pessoa era totalmente submersa na água. Esse mergulho simboliza a morte do velho homem e o renascimento espiritual de uma nova pessoa.

No caso de bebês, assim que nascem, são apresentados na igreja e consagrados a Deus, mas batismo é outra coisa.

"Quem crer e for batizado será salvo; quem, porém, não crer será condenado." (Marcos 16.16)

10) Por que os cristãos pregam que o sexo deve ser praticado somente após o casamento?

Em primeiro lugar, cremos que nosso corpo é templo do Espírito Santo e, por isso, deve ser respeitado, preservado, separado para Deus. A Bíblia diz: *"Fugi da impureza. Qualquer outro pecado que uma pessoa cometer é fora do corpo; mas aquele que pratica a imoralidade peca contra o próprio corpo. Acaso, não sabeis que o vosso corpo é santuário do Espírito Santo, que está em vós, o qual tendes da parte de Deus, e que não sois de vós mesmos? Porque fostes comprados por preço. Agora, pois, glorificai a Deus no vosso corpo* (1 Coríntios 6.18-20). Em segundo lugar, a relação sexual entre duas pessoas adultas é um tipo de pacto e aliança que envolve trocas profundas. Tanto é que Deus disse: *"Por isso, deixa o homem pai e mãe e se une à sua mulher, tornando-se os dois uma só carne"* (Gênesis 2.24). Honrar a Deus no nosso corpo é incompatível com uma vida promíscua. Por essa e outras razões, acreditamos que o sexo deve ser respaldado pela aliança maior do casamento.

"Digno de honra entre todos seja o matrimônio, bem como o leito sem mácula; porque Deus julgará os impuros e adúlteros." (Hebreus 13.4)

11) Os evangélicos são homofóbicos?

Não. A primeira lição que o crente aprende nas igrejas evangélicas é amar o próximo, acolhê-lo, ajudá-lo, independentemente de qualquer coisa. "Amar a Deus de todo o coração e de todo o entendimento e de toda a força, e amar ao próximo como a si mesmo excede a todos os holocaustos e sacrifícios" (Marcos 12.33). A regra de vida do cristão é o amor ensinado por Cristo, um amor que não faz discriminação de pessoas. Então, os evangélicos, de forma alguma, podem, por sua própria regra de fé, manifestar qualquer tipo de distinção. O objetivo é receber todas as pessoas em amor e iniciá-las nos ensinamentos de Jesus; e não desprezar, menosprezar, e muito menos disseminar preconceitos. Qualquer comportamento diferente disso nada tem a ver com a prática cristã. Jesus escreveu a respeito dele mesmo: "Se alguém ouvir as minhas palavras e não as guardar, eu não o julgo; porque eu não vim para julgar o mundo, e sim para salvá-lo" (João 12.47). Se Jesus não julga, nós também não julgaremos.

A Bíblia, no entanto, de fato não aprova a prática do homossexualismo (1 Coríntios 6.9-10 e Romanos 1.26-27), mas em nenhum momento ensina ou estimula os cristãos a odiar ou perseguir os homossexuais ou quem quer que seja.

12) A Bíblia é uma coletânea de vários livros que foram escritos por homens. Por que é considerada a Palavra de Deus?

A Bíblia protestante é composta de 66 livros diferentes (39 do Antigo Testamento e 27 do Novo Testamento). Costumamos dizer que ela tem vários escritores, mas um só autor, o Espírito Santo. Desde Moisés, que escreveu os primeiros livros, até os apóstolos que escreveram os últimos do Novo Testamento, milhares de anos se passaram. No entanto, apesar da diferença de tempo, cultura e vivência de cada escritor, a Bíblia apresenta unidade e coesão impressionantes. Muitas coisas que estão escritas e profetizadas no Antigo Testamento, por exemplo, já se cumpriram no Novo. Mas mesmo as profecias que ainda não se cumpriram, como as do Apocalipse, não contrariam nada do que foi dito anteriormente. Pelo contrário, elas batem com os ensinamentos de vários profetas, como Daniel e Ezequiel. Isaías, por exemplo, foi um dos profetas que mais falaram sobre o Messias, chegando a descrever perfeitamente a obra de Cristo no capítulo 53, mas viveu cerca de 700 anos antes do nascimento de Jesus. Mais do que fatos e dados, a Bíblia prova ser a Palavra de Deus pelos resultados que produz na vida de todos que buscam seguir seus ensinamentos.

"Toda a Escritura é inspirada por Deus e útil para o ensino, para a repreensão, para a correção, para a educação na justiça, a fim de que o homem de Deus seja perfeito e perfeitamente habilitado para toda boa obra." (2 Timóteo 3.15-17)

13) Milagres, de fato, existem?

Sim. A Bíblia descreve centenas de acontecimentos sobrenaturais que só puderam ser operados por meio da intervenção divina. O Antigo Testamento é cheio de histórias – que acreditamos serem reais – da ação de Deus para livrar, proteger e defender o povo de Israel. O mar se abriu, uma coluna de fogo e uma coluna de nuvem acompanhavam o povo de Israel em sua peregrinação pelo deserto; Josué orou e o sol parou; o povo de Israel rodeou as muralhas de Jericó e elas caíram. Se alguém acredita em Deus, não tem por que não crer em milagres. Aliás, os cristãos até contam com isso: com os grandes – como a cura de um câncer – e com os pequenos milagres – como o filho que passou de ano. Para quem não crê, pode parecer loucura, mas para quem crê é poder de Deus. Os cristãos enxergam a mão de Deus em tudo – "Reconhece-o em seus caminhos e Ele endireitará suas veredas" (Provérbios 3.6) – e isso lhes dá a tranquilidade e a paz. Jesus, da mesma forma, realizou centenas de milagres enquanto esteve na terra, e Ele mesmo disse que aquele que tiver fé do tamanho de um grão de mostarda poderá ordenar a um monte e ele mudará de lugar. A realização de milagres está ligada à fé. "Respondeu-lhe Jesus: Não te disse eu que, se creres, verás a glória de Deus?" (João 11.40). Ele deu autoridade à sua Igreja na terra para que esses milagres sejam operados por aqueles que creem que Ele é o Senhor.

"Ora, o homem natural não aceita as coisas do Espírito de Deus, porque lhe são loucura; e não pode entendê-las, porque elas se discernem espiritualmente." (1 Coríntios 2.14)

14) Os casos de exorcismo ou expulsão de demônios que vemos nas igrejas, às vezes pela TV, são reais?
Jesus disse: "Estes sinais hão de acompanhar aqueles que creem: em meu nome, expelirão demônios..." (Marcos 16.17). Observe esta história: "E um, dentre a multidão, respondeu: Mestre, trouxe-te o meu filho, possesso de um

espírito mudo; e este, onde quer que o apanha, lança-o por terra, e ele espuma, rilha os dentes e vai definhando. Roguei a teus discípulos que o expelissem, e eles não puderam. Então, Jesus lhes disse: Ó geração incrédula, até quando estarei convosco? Até quando vos sofrerei? Trazei-mo. E trouxeram-lho; quando ele viu a Jesus, o espírito imediatamente o agitou com violência, e, caindo ele por terra, revolvia-se espumando. Perguntou Jesus ao pai do menino: Há quanto tempo isto lhe sucede? Desde a infância, respondeu; e muitas vezes o tem lançado no fogo e na água, para o matar; mas, se Tu podes alguma coisa, tem compaixão de nós e ajuda-nos. Ao que lhe respondeu Jesus: Se podes! Tudo é possível ao que crê. E imediatamente o pai do menino exclamou [com lágrimas]: Eu creio! Ajuda-me na minha falta de fé! Vendo Jesus que a multidão concorria, repreendeu o espírito imundo, dizendo-lhe: Espírito mudo e surdo, eu te ordeno: Sai deste jovem e nunca mais tornes a ele. E ele, clamando e agitando-o muito, saiu, deixando-o como se estivesse morto, a ponto de muitos dizerem: Morreu. Mas Jesus, tomando-o pela mão, o ergueu, e ele se levantou. Quando entrou em casa, os seus discípulos Lhe perguntaram em particular: Por que não pudemos nós expulsá-lo? Respondeu-lhes: Esta casta não pode sair senão por meio de oração [e jejum] (Marcos 9.17-29). Os espíritos malignos só podem possuir os corpos daqueles que não têm Jesus Cristo como seu Senhor e Salvador. Somos o templo do Espírito Santo, e nesse templo Satanás não tem poder de penetrar.

15) Se Jesus só ensinou coisas boas, por que existem cristãos que apresentam comportamentos reprováveis?
Em primeiro lugar, se, de fato tivessem recebido a Cristo como Senhor das suas vidas, seus frutos seriam outros. Muitas pessoas não tiveram uma verdadeira experiência com Cristo; têm apenas uma religião, e religião não transforma ninguém. Outra resposta para essa pergunta é que a transformação de uma vida é um processo de longo prazo e, portanto, muitos ainda vão errar em sua caminhada de fé, mas, se perseverarem, aprenderão com esses erros. O fato é que o cristianismo e as igrejas estão cheios de pessoas imperfeitas, mas foi justamente por elas que Cristo morreu. Também é preciso vigiar e orar sempre, não dar espaço para que a natureza carnal volte a se manifestar: "Aquele, pois, que pensa estar em pé veja que não caia" (1 Coríntios 10.12).

Copyright © 2014 Cláudia Pires e Mônica Vendrame
Título: Evangélicos
Autor: Cláudia Pires e Mônica Vendrame
Edição: Ana Landi
Pesquisa: Ana Paula Bessornia
Revisão: João Hélio de Moraes
Projeto gráfico: Helena Salgado
Diagramação: Nina Vieira
Crédito das fotos: Gil Silva
Impressão e Acabamento: Lis Gráfica

Dados Internacionais de Catalogação na Publicação (CIP)
(Catalogação na fonte)

Pires, Cláudia. Vendrame, Mônica
Evangélicos / Cláudia Pires; Mônica Vendrame. — 1.
ed. — São Paulo: Bella Editora, 2014.

1.   Religião 2. Igreja. 3. Teologia. I. Pires, Cláudia
II. Vendrame, Mônica. III. Título.

CDD-200

Índice para Catálogo Sistemático
Religião: Cristianismo 200

Todos os direitos reservados à Bella Editora Ltda.
Rua Itapeva, 26, cj. 104
CEP. 01332-000 – São Paulo – SP
Telefone: (11) 2476-6382, (11) 3141-1690
www.bellaeditora.com.br